찐찐찐찐 찐이야~ **성공적인 찐 줌 수업 워크숍**

줌Zoom으로 강의하라!

홍영일(서울대 행복연구센터) 지음

BM (주)도서출판 성안당

2020년부터 불어닥친 코로나 팬데믹(Pandemic)은 우리 생활을 송두리째 바꿔놓았다. 이제는 학생들의 격주 등교도 회사의 재택근무도 어느 정도 익숙해졌지만, 작년 초의 혼란상은 아직도 기억에 생생하다. 이런 사정은 대학가도 다르지 않았다. 학기 초 갑자기 확진자가 늘어나면서 새 학기 개강에 비상이 걸렸다.

서울대학교는 상대적으로 빠르게 대책을 마련한 편에 속한다. 사태를 파악하자마자 비대면 강의 체제를 마련하고 온라인 회의 애플리케이션 줌(Zoom)과 계약해 서울대학교의 모든 구성원이 유료 기능을 사용할 수 있도록 했다. 그 덕분에 학생들이 등교했다가 비대면으로 전환하는 혼란 없이 매끄럽게 학기를 시작할 수 있었다.

시스템 마련보다 어려웠던 것이 시스템 활용이었다. 갑작스런 결정이었기 때문에 대부분의 교수자와 학생들이 줌 활용법을 몰랐다. 그래서 교수학습개발센터에서 줌 활용법 워크숍을 할 수 있는 교수자를 찾을 때 내가 자원했다. 교수학습개발센터에서 일한 경험도 있었고, 몇 년 전부터 수업에 줌을 써온 터라 그 활용법이 익숙했기 때문이다. 내 워크숍에는 많은 교수자 분들이 참여했고(매일 20명씩 정원을 제한해 사회적 거리두기 유지, 2주간 8회 실시), 유튜브에 올라간 줌 활용법 영상을 통해 다른 학교에서도 워크숍을 청하는 연락을 받기도 했다. 현재 유튜브에 올라간 필자의 줌 활용법 영상은 누적 조회 수가 80만에 달한다. 이 책은 그 내용을 읽기 좋게 정리한 것이다.

필자가 목표로 하는 것은 알기 쉽고 편안한 설명이다. 영상을 보고 설명이 너무 친절해서 느린 사람도 따라 하기 쉽다는 댓글을 읽을 때가 가장 기쁘다.

기억나는 일화로, 한 번은 불교어린이청소년협회에서 연락이 왔다. 스님들도 어린이불교학교나 일반 대중 법회를 하기 위해 줌을 배워야 한다는 것이었다. 강사를 섭외하기 위해 유튜브 등을 검색하던 중 필자의 영상을 보고 '아하, 이 분이면 느리고 컴맹인 스님들을 끝까지 편안하게 교육시켜주실 수 있겠구나.'라고 생각했다고 했다. 속세를 떠난 분들과의 줌 연수는 새로웠을 뿐만 아니라 오히려 내가 줌을 다시 보게 되는 계기를 만들어줬다.

그리하여 본 저서의 목표 역시 '세상 편한 매뉴얼'이다. 마치 일반 대중서를 읽듯 쉽게 읽히고, 한번 잡으면 맨 뒷장을 펼칠 때까지 손에서 잘 떨어지지 않는 그런 책을 쓰려고 했다. 그래서 취한 방법은, 필자가 줌 워크숍을 진행했던 실제 강연 전체를 전사한 후 다듬어서 최대한 구어체로 풀어쓰는 방식이다. 그러면서도 나만의 강의 노하우도 적절히 풀어내려고 했다. 비대면 수업이 부담스러운 교수님이나 선생님들은 줌 활용법 챕터들보다 마지막 챕터인 7부 '성공적인 줌 수업을 위한 마인드셋'을 먼저 읽어보시기 바란다. 한결 자신감이 생기실 것이다.

줌은 지금도 계속해서 업데이트 중이기 때문에 어떤 기능들은 이 책이 출간된 이후에 추가될지도 모른다. 꼭 기능만이 아니라 실제로 수업에 줌을 활용하면서 책에 나오지 않는 문제에 부딪히더라도 전혀 걱정하지 마시라. 언제든지 그 즉시 필자에게 카톡 메시지를 보내시면 된다. 필자의 연락처로 카톡을 보내는 것은 본 저서의 구성에 포함된 것이다^^
아무쪼록 이 책을 통해 독자들도 줌 수업의 신세계에 입문하게 되기를 바란다.

홍영일 드림

Contents
목차

Prologue
프롤로그
The Power of Zoom

노이균 교수와 홍영일 박사의 인연은 한국전문대학교육협의회에서 대학의 비대면 수업을 긴급 지원하기 위해 10회에 걸쳐 마련한 무료 줌 워크숍 특강에서 시작됐다.

미국에서 영어 교육을 전공한 노 교수는 2000년대 초에 미국에서 배운 CBI, 즉 컴퓨터 기반 교수법을 한국에 들여와 누구보다 앞선 교수법을 선보였다. 다시 말해 테크놀로지 통합 교육의 선구자였다. 그 후의 테크놀로지는 급격히 발전했고, 결국 최신 스마트 교육은 뒤처져가기만 했다. 노 교수가 한국에 돌아온 지 20년 만에 홍 박사와의 인연으로 최신 에듀 테크놀로지를 섭렵하게 되면서 학생들로부터 최고 인기 교수로 등극하게 됐다. 그 중심에 줌이 있었다.

Socrative로 우선 content-based instruction 했고 본 강의에 들어간 후 막간을 이용해 mentimeter로 fresh-up again 시켰으며 당일 배운 것을 kahoot으로 재확인시킴과 동시에 다음 강의 내용은 또다시 CBI 방식으로 한 Socrative를 사용해서 첫 강의 잘 마쳤습니다.

Socrative는 5분 넘지 않도록 했고 멘티미터는 3분 이내로 하는 것이 학생들에게 아련한 아쉬움을 남겨주는 것 같아 소기의 목적을 달성할 수 있었습니다. Once Zoom, forever Zoom! Thx!

교수님과 똑같은 교재를 쓰고,
수업 방법도 따라 하는데
왜 교수님 수업에만
학생들이 열광하는 거죠?

1부
줌을 만나다

실시간 쌍방향 수업의 대한민국 1인자로 소문난 홍영일 교수님의 Zoom 워크숍에 참석해달라는 교수학습개발센터의 문자 메시지를 받은 박 교수는 일전에 김 교수가 했던 말이 생각났다.

"화상수업을 하긴 해야겠기에 지난주에 줌 워크숍에 참가했는데 매우 인상적이고 유익했어요. 박 교수님, 이번에 못 들으셨죠? 들으셨어야 했는데 ㅎㅎㅎㅎㅎ"

"그러게 말입니다. 어제 이 교수님과 함께 저녁을 먹는데, 이 교수님이 그러시더군요. 화상수업은 아무나 할 게 못 된다고요. 학생들이 비디오 다 끄고 있다더군요. 그래서 "비디오 좀 켜보세요." 하니까 서너 명 잠깐 비디오 켜주긴 했는데, 말 몇 마디 하니까 그새 꺼버리더라고 하시더군요. 학생들이 제대로 강의 듣고 있는지 확인이 안 된다고 하시던데···. 김 교수님은 연수 좀 받으셨으니까 이제 화상수업 제법 하시겠군요."

"홍영일 교수님이 알려주신 대로 해보려고 어제 강의를 화상으로 도전해봤죠. 근데···."

"그래 해보시니까 할 만합디까?"

"아휴 말도 마세요. 이게 생각처럼 안 돼요. 아니 홍영일 교수님이 하는 것을 볼 때는 3시간의 연수가 전혀 길지 않고 몰입감도 엄청 났거든요. 그래서 어제 자신 있게 화상수업을 했는데 생각대로 안 되더라고요. 줌의 기능만 안다고 되는 게 아니더군요. 기능보다 중요한 게 학생들이 수업에 제대로 참여하는지 일단 확인이 안 되니까 답답하더라고요. 홍 교수님에게 배운 대로 했는데 왜 홍 교수님 수업에서는 학생들이 열광하고 제 수업에서는 왜 안 될까요?"

"그래요? 근데 김 교수님은 지난 주에도 우리 대학에서 강의 평가 1등하셨잖아요? 그런데도 그렇다고 하시면? 대면 수업 하시던 대로 잘 안 되죠? 제가 생각해도 이게 대면 수업보다는 훨씬 못하죠."

"박 교수님도 해보세요. 해보시고 이야기합시다."

박 교수는 수년 전에 '스카이프'로 제법 연구 회의도 주재했던 경험도 있고, 나름 온라인상에서는 자신이 있었던 터라 이번에 홍 교수의 줌 워크숍 특강에서 조금만 힌트를 얻으면 나름대로 잘할 수 있을 것이라는 생각을 하고 있었다. 줌 워크숍은 오전 10시에 시작해 오후 1시까지 무려 3시간이나 계획돼 있었기 때문에 지루할 것이라는 생각을 했지만 그래도 여기저기서 하도 홍 교수의 줌 특강은 꼭 들어야 한다는 말을 꽤 들은 터라 '어디 한번 배워보자.' 하는 생각으로 노트북을 열었다.

홍 박사의 줌 워크숍

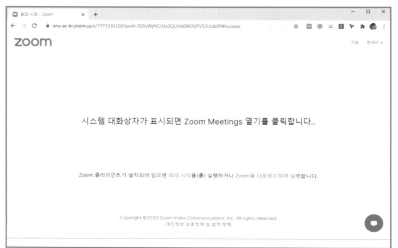

노트북에 깔려 있는 카톡에 메시지가 와 있다. 어제 학교에서 만들어준 단톡방을 열어보니 홍영일 교수가 보낸 줌 초대 링크다.

'줌 프로그램을 미리 설치했어야 하는 거 아닌가?'

약간 불안하긴 했지만, 일단 줌 초대 링크를 클릭해본다. 다행히 줌을 바로 설치할 수 있도록 돼 있다.

설치 후 줌이 자동으로 실행되고 [컴퓨터 오디오로 참가]를 눌러 줌에 접속한다.

벌써 많은 사람이 접속해 있었다. 박 교수의 첫 줌 수업은 그렇게 시작했다.

👤 "교수님들 환영합니다. ^^ 모든 수업은 언제나 처음입니다."

홍영일 교수의 첫 마디에 박 교수는 뒤통수를 한 대 얻어맞은 느낌이었다. 언제나 그랬듯이 박 교수는 오늘 수업은 어제 수업의 경험을 살려 더 잘해야 한다는 강박에 시달려왔고, 수업을 마친 후에는 아쉬움만 남는다는 것을 깨닫는다.

"인생이 직관 여행이듯 수업도 직관 수업입니다. 직관 수업을 해야만 선생님에게도 전율이 오고 감동이 옵니다. 내가 한 번 해본 수업이라고, 수업 지도안이 좋다고 해서 그대로 수업한다면 그 수업은 시간을 때운 것에 지나지 않습니다. 선생님 스스로의 성장이 없는 수업입니다.

선생님 스스로 감동받고 전율이 올 때 학생들도 소름 돋는 경험을 하게 됩니다. 수업을 통해 선생님이 성장해야 아이들도 성장합니다. 저는 선생님 스스로 성장하는 수업은 미리 짜여진 인위적 수업이 아닌, 생생하게 살아 있는 진짜 수업 속에서 좌충우돌하는 가운데 이뤄진다고 믿습니다."

박 교수는 순간 어안이 벙벙했다.

'아! 홍영일, 홍영일하는 게 바로 이것 때문이었군. 줌의 기능과 수업 설계 기법을 알려주는 건가 했더니 학생들과의 수업에 임하는 선생으로서의 태도부터 알려주는구나.'

그렇게 시작된 3시간의 줌 특강은 시간이 어떻게 흘러갔는지도 모르게 끝났다. 몰입감 최고였다. 3시간의 화상수업을 학생의 입장에서 처음 경험한 박 교수는 그동안 비대면 온라인 수업에 대한 편견과 선입견을 한순간에 날려버렸다.

홍 박사의
줌 기초 안내

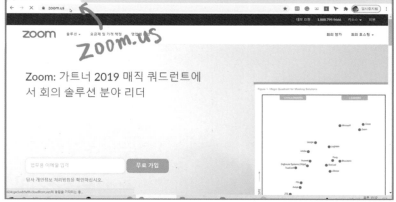

❶ 가입 및 설치

저를 따라오시면 화상수업이 쉬워집니다. 지금까지 해오던 대면 수업
과 낯설게만 느껴지는 비대면 수업 사이의 간격이 한강만큼이나 넓게
느껴지셨지요? 이제 한 발로 폴짝 뛰면 쉽게 건널 수 있는 개울만큼 그

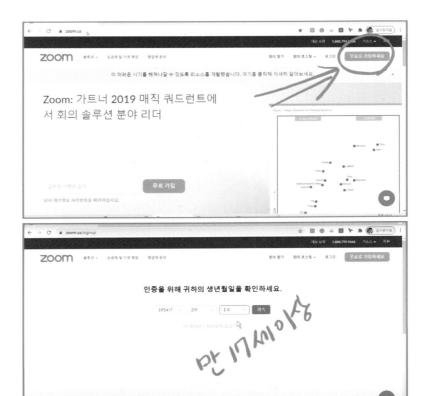

간격이 좁아질 겁니다.

❶ http://Zoom.us 사이트에 접속하세요.

❷ 우측 상단의 [무료로 가입하세요] 버튼을 클릭하세요.

❸ 최근 보안 이슈가 제기되면서 많은 보완 대책이 있었는데, 그중 하나가 가입자의 나이를 확인하는 것입니다. 만 17세 이상이어야 가입할 수 있습니다.

❹ 생년월일 입력하신 후에 개인정보 수집에 동의하시고요.

❺ 줌은 아이디를 이메일로 사용합니다. 이메일 주소를 입력하신 후 [가입] 버튼을 누르세요. 만약 지메일(Gmail)로 가입할 경우, 하단의 [Google로 로그인]을 누르셔도 됩니다.

❻ 이 과정을 마치면 입력하신 이메일로 회원 가입 안내 이메일을 발송했다는 메시

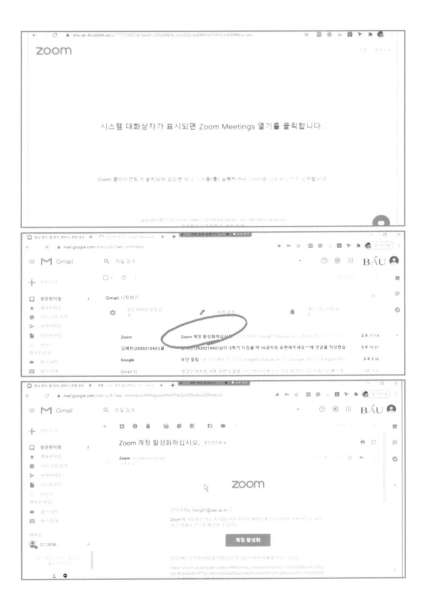

지가 나타납니다. 그럼 해당 이메일로 가볼까요?

❼ 이메일에 접속해보니 'Zoom 계정 활성화하십시오.'라는 메일이 도착한 것을 볼 수 있습니다. 이것을 클릭해보겠습니다.

❽ 파란색의 [계정 활성화] 버튼을 클릭해 들어가겠습니다.

❾ 이때 '학교를 대표해 가입하시나요?'라고 묻는데, '아니요'를 선택해 주셔야 합니다.

⑩ 이름과 성을 입력해주세요. 한글로 입력하셔도 됩니다.

⑪ 비밀번호는 반드시 8글자 이상이어야 하고, 알파벳 대문자와 소문자, 숫자가 모두 들어가야 합니다. 평소에 사용하는 비밀번호가 있을 경우, 첫 글자를 대문자로 바꾸면 잊어먹지 않고 사용하실 수 있습니다.

⑫ 비밀번호 확인을 위해 한 번 더 입력해주세요.

⑬ [계속]을 누르고 넘어가면 '주변에도 Zoom을 알려주세요'라는 메시지가 나타나는데, 이것은 그냥 건너뛰셔도 좋습니다.

⑭ 이렇게 Zoom 계정 개설이 완료됐습니다.

2 프로필 설정

❶ 바로 '지금 회의 시작'을 눌러 회의 테스트해도 되지만, [내 계정으로 가기]를 눌러 좀 더 자세히 살펴보겠습니다.

❷ 성공적으로 로그인됐다면 보시는 화면처럼 프로필 페이지가 나타날 겁니다.

❸ 이때 '개인 회의 ID'가 부여되는데, '표시'를 눌러보면 9~10자의 숫자가 주어진 것을 알 수 있습니다. 이것은 앞으로 영구적인 나만의 아이디가 됩니다.

❹ Zoom을 사용할 때는 프로필 사진을 등록하면 회의를 진행할 때 나를 알릴 수 있어 도움이 됩니다. 그럼 프로필 사진을 변경해볼까요?

⑤ 프로필 사진 하단의 [변경] 버튼을 눌러주세요.

⑥ 하단의 [업로드] 버튼을 누르면 내 컴퓨터에 있는 사진을 가져올 수 있습니다.

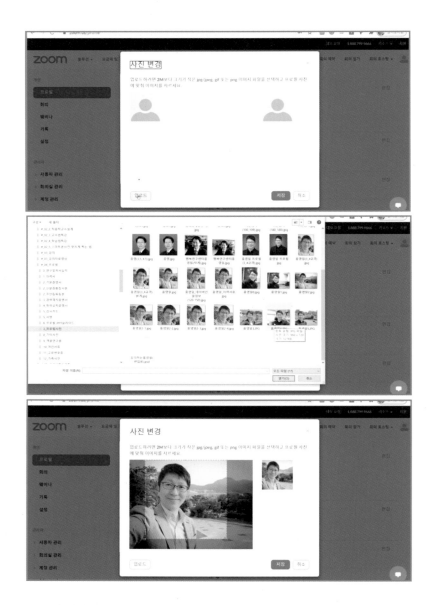

❼ 그럼 적절한 사진을 찾아보겠습니다. 프로필 사진은 증명사진도 좋지만 스냅 사진처럼 자연스러운 사진을 등록하면 실제로 대화하는 기분이 들어 더욱 좋겠죠?

❽ 마우스로 사진 크기를 적절하게 조절하시고, 하단의 [저장] 버튼을 눌러주세요.

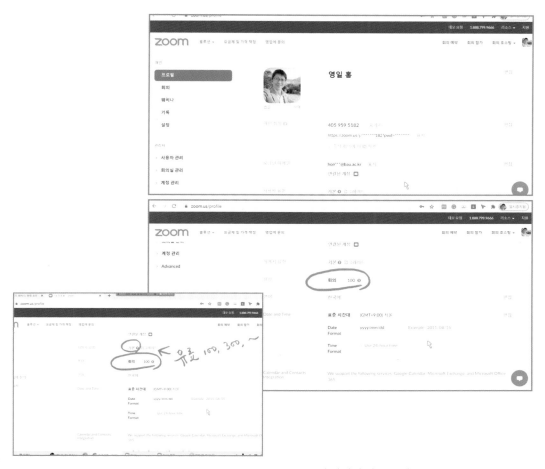

❾ 프로필 사진이 잘 등록됐죠?

❿ 화면을 밑으로 내려보면, '용량' 항목에 '100'이라는 숫자가 있습니다. 이것은 회의 참여 가능 인원수로, 한 번에 100명의 인원이 회의에 참석할 수 있다는 것을 의미합니다.

⓫ 현재는 기본 계정인데요. 옆에 보이는 '업그레이드'를 누르면 유료로 전환할 수 있습니다. 유료로 전환하면 100명, 300명 또는 그 이상의 인원도 참여할 수 있습니다.

3 회의실 개설

❶ 프로필은 완성이 됐으니 왼쪽 메뉴를 살펴봅시다. 두 번째 '회의' 메뉴를 설명하겠습니다.

❷ 여기서는 새로운 수업을 예약할 수 있습니다. 오른쪽에 있는 [회의 예약] 버튼을 눌러주세요.

❸ 주제는 과목명과 함께 몇 주차 수업인지 적어주는 것이 가장 좋습니다. 설명에는 "이번 주는 미리 교재를 읽고 질문을 LMS 게시판에 올려주세요. 질문을 바탕으로 수업을 시작하겠습니다."와 같이 간단한 수업 공지 내용을 적어주세요.

❹ '시점' 항목에서는 수업 일시를 설정할 수 있습니다. 다만 이때만 수업이 가능하다는

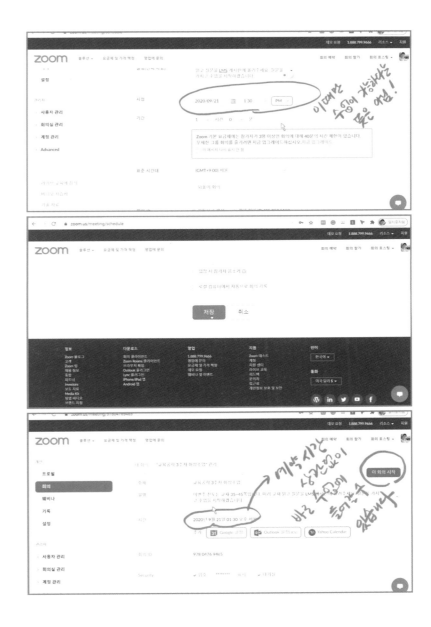

뜻은 아닙니다. 수업 시간이 가까워오면 '수업이 예약돼 있다.'는 것을 알려주는 일종의 스케줄러 기능이라고 생각하시면 됩니다.

❺ 하단으로 스크롤해 파란색 [저장] 버튼을 눌러보겠습니다.

❻ 오른쪽을 보시면 파란색 [이 회의 시작] 버튼이 있는데, 예약된 시간이 아니더라도 바로 수업에 들어갈 수 있습니다.

❼ 학생들을 수업에 초대하기 위해서는 'Invite Link' 항목의 초대 링크를 복사해 공유해주시면 됩니다.

❽ 링크 오른쪽의 [초대 복사] 버튼을 누르신 후 하단의 파란색 [회의 초대] 버튼을 누르시면 링크가 복사됩니다.

❾ 이렇게 복사된 링크를 학생들과 공유하는 카톡방, 문자 메시지, LMS 게시판 등에 붙여넣기하시면 됩니다. 저는 과목 공지 게시판에 붙여넣기했습니다.

❿ 복사된 내용을 살펴보면 주제와 시간 초대 링크 패스워드가 있는데요. 학생들은 초대 링크를 클릭하거나 암호와 패스워드를 입력하는 두 가지 중 한 가지 방식으로 입장하면 됩니다.

⓫ 그런데 회의 ID를 보니 아까 프로필에서 보았던 ID와 다릅니다. 내 개인 회의 ID 가 있는데, 왜 수업을 위해 회의를 만들 때마다 ID가 바뀔까요?

⓬ 회의를 개설할 때는 두 가지 아이디가 있습니다. 개인 아이디를 사용하거나 즉석 아이디를 사용합니다. 개인 ID는 반복해서 사용할 수 있지만, 즉석 ID는 매번 바뀝니다. 그래서 즉석 ID를 사용할 경우에 학생들에게 매번 회의 ID를 알려줘야 하는 번거로움이 있습니다. 하지만 불청객이 들어오는 것을 막는 등 보안을 위해서는 훨씬 안

전한 방법입니다.

⑬ 저는 개인 ID를 사용하면서 아직은 특별히 문제가 없었기 때문에 개인 ID를 반복적으로 사용하는 편입니다. 저처럼 개인 ID를 반복적으로 사용해 회의실을 개설하려면 '개인 회의 ID' 우측의 [편집]을 누르세요.

⑭ '즉석 회의에 개인 회의 ID 사용'에 체크한 후 하단의 파란색 [변경 저장] 버튼을 누르면 변경이 완료됩니다.

⑮ 이 상태에서 다시 '회의' 메뉴로 들어가 회의를 예약해보겠습니다.
화면을 밑으로 내려보시면 '회의 ID' 항목에서 즉석 ID를 사용할 것인지, 개인 ID를

사용할 것인지를 체크할 수 있습니다.

⑯ 'Security' 항목에서 회의실 암호를 지정하거나 변경할 수 있습니다. 알파벳과 숫자가 섞인 암호보다는 숫자를 사용한 암호를 전달하는 것이 학생들이 외우기에도 좋겠죠?

⑰ 하단의 [저장] 버튼을 눌러 회의가 잘 설정됐는지 확인해보겠습니다.

⑱ 회의 ID가 개인 ID로 변경된 것을 확인할 수 있습니다.

⑲ Zoom에서 회의실에 입장하는 방법은 총 세 가지입니다. 첫 번째는 이렇게 홈페이지를 통해 회의에 참여하는 것이고, 두 번째는 바탕 화면에 설치된 Zoom 프로그램을 통해 참여하는 것입니다.

⑳ Zoom 프로그램을 실행하면 주황색 [새 회의] 버튼과 그 옆의 [참가] 버튼을 볼 수 있습니다. [새 회의]는 직접 호스트가 돼 새 회의를 개설할 때, '참가'는 다른 사람이 호스팅한 회의실에 참여할 때 사용합니다.

㉑ 수업을 하는 교수님들은 새 회의실을 만들어야겠죠? [새 회의] 옆의 꺾쇠를 누르시면 비디오를 켜고 시작할지, 끄고 시작할지를 선택할 수 있습니다.

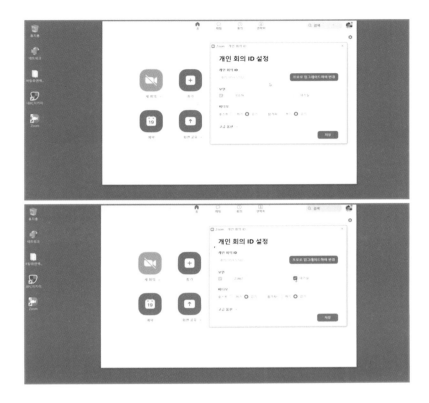

㉒ 내 개인 회의 ID를 사용할 것인지, 말 것인지도 결정할 수 있습니다. 내 개인 회의 ID를 사용한다고 체크하신 후 'PMI 설정'을 선택해주세요.

㉓ 이곳의 '보안' 항목에서 비밀번호를 변경할 수 있습니다.

㉔ 그 옆의 '대기실'을 선택하시면 학생들은 회의로 바로 들어오지 않고 대기실에서 대기하고 있다가 교수님께서 일괄 수락을 하면 학생들이 회의실에 입장하게 됩니다. 대기실을 선택하지 않으면 학생들은 바로 수업에 들어올 수 있습니다. 하단의 [저장] 버튼을 누르시면 설정이 저장됩니다.

㉕ 이제 주황색 [새 회의] 버튼을 눌러보겠습니다.

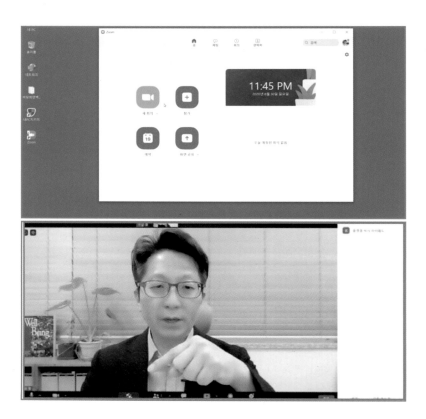

◢ 보안 설정

① 자, 이제 회의실에 들어왔습니다.

② 회의를 호스팅한 후 화면 왼쪽 마우스 커서를 상단으로 가져가면 [회의 정보] 버튼이 나타납니다.

③ 이 버튼을 누르면 현재 회의 ID와 패스워드를 확인할 수 있습니다.

④ 화면 아래 '참가자' 탭을 누르시면 오른쪽에 참가자 목록이 나타납니다. 현재는 저혼자 있습니다.

❺ 제가 학생이라 생각하고 제 아이패드로 수업에 참가해보겠습니다.

❻ 이제 참가자 목록을 확인하시면 '홍영일 박사 아이패드' 계정이 들어와 2명인 것을
확인할 수 있습니다.

❼ 회의를 호스팅한 후 학생이 바로 들어오지 못하고 호스트가 허가한 후에 들어올 수 있도록 대기실을 활성화할 수도 있습니다. 화면 아래를 보시면 '보안' 탭이 있습니다.

❽ '보안' 탭을 누르신 후 '대기실 사용'을 선택해봅시다.

❾ 그러면 '대기실을 활성화했습니다'라는 안내 문구가 나타납니다.

❿ 대기실을 활성화한 후에 참가자의 목록을 살펴보면 '홍영일 박사 아이패드' 계정이 대기실에 들어와 있는 것을 확인할 수 있습니다.

⓫ 마우스 커서를 해당 계정으로 가져가면 '수락'과 '제거'를 선택하실 수 있습니다.
[수락] 버튼을 눌러 학생을 입장시키면 됩니다.

⓬ 만약 대기실 사용이 불필요하다고 느껴지면, '보안' 탭에서 '대기실 사용'을 한 번 더 클릭해 체크를 해제할 수 있습니다. 대기실 설정이 원활하게 취소되면 '대기실을 비활성화했습니다'라는 문구가 나타납니다. 이렇게 대기실이 따로 설정돼 있지 않으면 수업 시간 전에 학생들이 미리 접속해 있을 수 있습니다. 대기실 설정을 해놓으면 늦게 접속한 학생들도 계속 접속 수락을 해줘야 하는 불편함이 있어서 저는 수업할 때 자주 사용하지 않습니다. 대기실 설정은 필요에 따라 사용하시면 됩니다.

⓭ '보안' 탭에서 '회의 잠금'을 누르면 더 이상 아무도 들어오지 못하게 막을 수 있습니다.

⓮ 학생들에게 가능한 기능을 지정하거나 변경할 수도 있습니다. '화면 공유'를 선택해주면 호스트인 교수님뿐 아니라 학생들도 자신의 화면을 공유할 수 있습니다.

이외에도 '채팅', '스스로 이름 바꾸기', '스스로 음소거 해제' 등의 기능을 학생들이 사용할 수 있도록 허용할지, 말지를 호스트가 컨트롤할 수 있습니다.

5 음향 설정

❶ 이번에는 음향을 설정해봅시다. 회의실 좌측 하단의 [음소거] 버튼 옆에 있는 꺾쇠를 눌러주세요.

❷ 음향을 한번 테스트 해보겠습니다. '스피커 & 마이크 테스트'를 선택해주세요.

❸ '벨소리가 들립니까?'라는 문구와 함께 음악 소리가 나옵니다. 잘 들리면 '예', 안 들리면 '아니요'를 선택해주세요.

❹ 이번에는 마이크 테스트입니다. "말하고 일시 중지합니다. 재생되는 소리가 들립니까?"라는 문구가 뜹니다. 말을 했을 때 하단의 '입력 레벨'이 반응하고 말하는 소리가 재생돼 들린다면 마이크가 잘 연결된 상태입니다.

❺ 문제 없는 상황이라면 "스피커 및 마이크 상태가 양호합니다."라는 문구와 함께 테스트가 마무리됩니다. [완료] 버튼을 눌러 테스트를 종료해주세요.

❻ 만약 테스트 중 말하는 소리가 안 들린다면, 마이크 선택 또는 스피커 선택이 다른 기기로 돼 있을 가능성이 있습니다. 설정을 확인해보시고 다시 시도해보세요.

❼ 예를 들어 헤드셋 등의 기기를 이용해 수업에 참여하려고 할 때는 마이크 선택과 스피커 선택에서 해당 기기를 선택해주세요.

⑥ 비디오 설정
❶ 이번에는 비디오 설정입니다. 먼저 회의실 우측 상단의 [발표자 보기] 버튼을 눌

러보겠습니다.

❷ [발표자 보기] 버튼을 누르면 현재 말하고 있는 사람이 화면 전체에 크게 보입니다.

❸ 다시 회의실 우측 상단으로 마우스 커서를 가져가 [갤러리 보기] 버튼을 누르면 참가자들의 비디오가 모두 펼쳐져 보입니다. 현재는 2명이라 2개의 화면이지만, 10명이라면 10개, 20명이면 20개의 화면을 한 번에 볼 수 있습니다.

❹ 일반적으로는 한 화면에 25명까지 표시됩니다. 하지만 컴퓨터 한 화면에 49명까지도 표시할 수 있습니다.

❺ 이번에는 회의실 좌측 하단에 있는 [비디오 중지] 버튼을 눌러보세요.

❻ 그럼 제 영상이 꺼집니다. 그러면 제가 조금 전에 설정해놓은 프로필 사진이 화면

에 보이게 됩니다. 프로필 사진을 등록하지 않은 경우에는 설정해놓은 이름이 나타납니다. 참가자 목록에서 이름을 클릭해 '이름 바꾸기'를 선택하면 표시되는 이름을

변경할 수 있습니다.

❼ 비디오 중지 버튼 우측의 꺾쇠 모양의 버튼을 눌러서 [비디오 설정] 메뉴로 들어가 보겠습니다.

❽ 'HD 활성화'를 체크하시면 화면 해상도가 높아져 화면이 더욱 명확해집니다.

❾ 비디오의 비율도 조절할 수 있습니다. 16:9(와이드스크린)으로 설정하면 화면에 꼭 맞게 차서 보기에 좋습니다.

❿ '내 비디오 미러링'은 거울 보기 효과로, 거울 앞에서 오른손을 들면 거울도 마주 보는 손을 들듯이 화면의 좌우가 반전됩니다. 이것을 설정하면 글씨가 거꾸로 보입니다.

⓫ '내 모습 수정 필터'를 설정하기 전에는 제 얼굴의 기미와 주근깨가 모두 보입니다. 하지만 이걸 선택해주면 피부가 뽀샤시하게 보정되어 보여 한 10살은 젊어집니다. 너무 심하다 싶으면 옆에 있는 막대를 조정해주시면 됩니다.

⓬ [저조도 환경에 맞게 조절] 버튼을 선택하시면 조명이 어두울 때도 밝게 해줍니다. '수동'으로 조절해보면 화면을 아주 밝게 만들 수도 있습니다. 하지만 너무 밝아지면

눈이 아프니 필요한 상황에서 적절히 사용하시면 됩니다.

⑬ '갤러리 보기에서 화면당 참가자 최대 49명 표시'를 체크하면 '갤러리 보기'를 했

을 때 한번에 49명까지 볼 수 있습니다. 해당 기능은 컴퓨터의 CPU 사양이 i7 이상일 때만 적용 가능하며, i5, i3 또는 그보다 낮은 사양의 CPU를 가진 컴퓨터에서는 해당 기능을 사용할 수 없습니다.

⑭ 이번에는 '비디오 필터 선택'으로 가보겠습니다.

   1) 비디오 옆 꺾쇠 > 비디오 필터 선택

   2) 비디오 설정 창에서 좌측 배경 필터 선택

⑮ '비디오 필터 선택'에서는 화면 색 느낌을 바꾸거나 재미있는 프레임을 선택할 수 있습니다.

⑯ '가상 배경 선택'에서는 사진이나 동영상을 가상 배경으로 설정해 내 주변 환경을

공개하지 않고 프라이버시를 지키는 것이 가능합니다.

⑰ 오른쪽의 [+] 버튼을 눌러 내 컴퓨터에 있는 사진이나 동영상을 배경으로 설정할 수도 있습니다.

⑱ 어떤가요? VIP 항공기에 온 것 같죠? 하지만 이런 사진을 마음껏 가져오면 저작권에 위배될 수 있으니 가급적 직접 찍은 사진이나 저작권이 없는 사진을 사용하시기를 권장드립니다. 교수님들의 학교 이미지나 동영상이 있다면 그것을 사용하는 것도 좋습니다. 강의 제목이나 강의 키워드를 이미지로 만들어 뒤에 띄워놓으시는 것도 강력 추천합니다.

⑲ 하지만 가상 배경의 한 가지 함정은 얼굴 이외의 사물은 인식하지 못한다는 것입

니다. 그래서 교수님이 뭔가를 들고 보여줄 때 가상 배경에 의해 사라져 보일 수도 있습니다. 뭔가를 계속 직접 보여줘야 하는 수업이라면 가상 배경을 끄고 참여하는 것이 좋겠죠?

7 채팅

❶ 회의실 하단의 가운데에 있는 '채팅' 탭을 눌러볼까요?

❷ '채팅' 탭을 누르면 회의실 오른쪽에 메시지를 주고받을 수 있는 채팅창이 나타납니다.

❸ '안녕하세요^^?'라고 인사를 해봤습니다. 잘 보이시죠? 2부 Unit 03의 '채팅창 200% 활용하기'에서 자세히 설명하니 참고하세요.

⑧ 화면 공유

❶ 이번에는 화면 공유를 해보겠습니다. 회의실 하단의 초록색 [화면 공유] 버튼을 눌러주세요.

❷ [화면 공유] 버튼을 누르면 어떤 창 또는 애플리케이션을 공유할지 묻는 창이 나타납니다. 그중 가장 첫 번째인 '화면'은 내 컴퓨터의 화면을 통째로 공유하는 것입니다. 교수자가 화면에 무엇을 띄우든 학생들에게 그대로 보여줍니다.

❸ 하지만 화면에 있는 내용을 전부 보여주고 싶지 않을 때는 특정 프로그램만 선택해 보여줄 수 있습니다.

그런데 이럴 때 가끔 발생하는 문제가 있습니다. 예를 들어 파워포인트 프로그램을 지정해 공유했을 때 파워포인트 안에 하이퍼링크가 작동해 동영상이나 인터넷 창은 열리지만 줌 참가자들에게는 보이지 않습니다. 그래서 이 때 링크된 것을 보여주려면 다시 화면 공유를 해야 하는 불편함이 있습니다. 교수님에게는 링크된 것들이 보이더라도 학생들에게는 이것이 보이지 않으니 유념하셔야 합니다.

❹ 저와 같은 경우에는 바탕화면은 필수적인 것만 남겨두고 깔끔한 상태로 두어 바탕화면을 활용한 화면 공유를 자주 사용합니다. 이 방법이 가장 간편합니다.

🟨 회의 기록

❶ 화면 하단의 '기록' 탭을 누르면, 보시는 바와 같이 '기록 중'이라는 표시가 회의실의 좌측 상단에 표시됩니다.

이 수업이 녹화되고 있는지, 아닌지를 학생들도 알 수 있습니다.

❷ 기록은 잠시 멈출 수도 있고, 종료할 수도 있습니다.

❸ 이렇게 기록한 파일은 회의가 끝났을 때 자동으로 인코딩돼 Documents(문서 폴더) > Zoom > 녹화된 날짜 이름으로 된 폴더 안에 zoom_0.mp4 파일로 저장됩니다.

❹ 이 mp4 파일을 열어보면 기록된 영상을 확인할 수 있습니다.

❺ 만약 기록을 중간에 멈췄다가 다시 기록하는 식으로 여러 번 기록했다면 zoom_0.mp4, zoom_1.mp4, zoom_2.mp4, … 의 순서대로 파일이 만들어집니다.

이전 버튼 위치

수많은 언론에서 연일 Zoom의 보안 관련 이슈를 쏟아내면서 많은 분이 불안해하고 있습니다. 학생들과 화상수업을 해야 하는데 Zoom을 써야 할지, 말아야 할지 고민이 되는 상황이죠.

그래서 Zoom에서 한국 시간으로 지난 4월 8일 대책을 내놓았습니다. 결론부터 말씀드리면 안심하고 Zoom으로 화상수업을 하셔도 됩니다. Zoom에서 어떤 보안 대책을 내놓았는지 핵심만 설명드리겠습니다.

보안 위주 메뉴 개편

"새 버전을 사용할 수 있습니다! 업데이트"

앞의 화면은 이전의 메뉴 구조입니다. 이게 어떻게 바뀌었을까요?

Zoom에 새로 접속해보시면 "새 버전을 사용할 수 있습니다! 업데이트"라는 메시지가 나타납니다. 이것을 클릭하면 다음과 같은 내용들이 나타나는데요. 혹시 보이지 않으신다면 '업데이트 확인'을 해주세요. 그러면 다음과 같은 메시지를 보실 수 있습니다.

《업데이트 확인》

그러면 이 메세지를 보실 수 있습니다

보안 업데이트된 내용은?

업데이트 버튼을 눌러서 실제로 어떻게 바뀌었는지 보죠

내용을 살펴볼게요. 어떤 내용이 업데이트됐을까요?
❶ 상단에 제시되던 회의 ID를 삭제했습니다.
❷ [초대] 버튼을 '참가자 관리' 창으로 넘겼습니다.
❸ 그리고 가장 중요한 [보안] 버튼을 새롭게 추가했습니다.

〈업데이트〉 확인 누르면 금방 설치됩니다

[업데이트]-[업데이트 확인]을 누르면 생기는 [보안] 버튼

[업데이트] 버튼을 눌러 실제로 어떻게 바뀌었는지 살펴보겠습니다. '업데이트 확인'을 누르면 금방 설치됩니다. '새 회의' 아이콘을 눌러 호스팅을 시작하겠습니다.

〈새회의〉눌러서 호스팅을 시작하겠습니다

와우! 정말 [보안] 버튼이 새로 생겼습니다! 살펴보니 [보안] 관련 버튼을 한 곳에 모아놓았네요. 철통 보안이죠? [회의 잠금] 버튼을 눌러보니 아무도 들어올 수 없게 회의가 잘 잠겨 있네요.
작업 표시줄에 '회의 잠김' 표시도 잘 안내되고 있습니다.

대기실 모드 설정

대기실 모드를 설정하면 새로운 참가자가 대기실을 통해 입장하도록 할 수 있습니다. 호스트는 대기실에 입장한 참가자를 확인할 수 있습니다. 누군지 잘 모르는 사람이 입장했을 때는 '메시지'를 클릭해 신원을 물어볼 수도 있습니다.

참가자가 아는 사람이라면 호스트가 '수락'해 회의실로 입장시키고, 호스트가 참가를 원하지 않는 사람은 '제거'를 통해 입장을 막을 수 있습니다. 그리고 '모두 수락'을 누르면 모든 참가자를 쉽게 입장시킬 수 있습니다.

비밀번호 설정 규제

그리고 또 한가지 보안은 비밀번호를 해킹하기 쉽지 않도록 비밀번호 설정 시에 영문 대문자와 소문자, 숫자가 섞여 있도록 규제하기 시작했습니다.

이런 2중, 3중 보안을 살펴보니 Zoom에서 잘 대처하고 있다는 생각이 들어 안심이 됩니다.

실수로 엉뚱한 사람을 입장시켰을 때는 강퇴시키기

실수로 엉뚱한 사람을 입장시켰을 때도 [제거] 버튼을 통해 강제 퇴장시키는 것이 가능해졌습니다. 이렇게 퇴장당한 참가자는 다시 회의실에 입장할 수 없습니다.

참가자 관리 창도 변동

참가자 관리 창을 살펴보니 이곳도 몇 군데 바뀐 점이 있습니다. [초대] 버튼이 들어와 있고, 관련 메뉴와 '모두에게 음소거 해제 요청' 메뉴가 '더 보기' 안에 숨어 있습니다.

파일 전송 기능 재개

보안 이슈로 인해 막혀 있던 '파일 전송' 기능도 채팅창에서 확인할 수 있게 됐습니다. '파일 전송' 기능을 잘 사용했던 분들에게는 매우 좋은 소식이죠?

참가자 간 1 대 1 대화 허용 여부 결정 추가

채팅창의 '더 보기'를 클릭하면 호스트가 참가자들끼리 1 대 1 메시지를 주고받을 수 있도록 허용할지, 말지도 결정할 수 있습니다.

선생님과 학생 모두 각별한 보안 의식으로 안전한 화상수업을 통해 편안하고, 따뜻하고, 행복한 추억을 가질 수 있도록 노력해야겠죠?

2부
전문가답게
만들어주는
줌 디테일
일곱 가지

줌(Zoom) 강의를 하다 보면 초보자들에게 가장 많이 듣는 이야기가 "요즘 ○○○에서 출시한 화상수업 프로그램이 줌과 거의 똑같아요. 그것도 비디오 다 볼 수 있고 화면 공유도 다 되고 글씨도 다 쓸 수 있더라구요."라는 것이다. 절대 그렇지 않다. 줌 디테일 기능들과 그것의 활용법 그리고 수업에서 어떻게 활용되는지 실제 적용 예시를 보게 되면 "아하! 이래서 줌 줌 하는구나."하게 된다.

2부에서는 줌 왕초보자들도 단번에 자신감을 갖게 만들어주는 디테일 7가지를 추려서 따라 하기 쉽게 설명한다. 노트북이나 PC에서 줌을 실행한 후 한 장 한 장 넘겨 가면서 따라 하다 보면 불과 한두 시간 만에 줌 수업에 대한 자신감이 생길 뿐만 아니라 주변 지인들에게 "너는 이것도 모르고 여태 줌 했니?"라면서 튕겨보는 재미도 덤으로 얻게 될 것이다.

기본 세팅하기

❶ 참가자 이름 바꾸기

학생들이 수업에 참여할 때 참가자 이름을 교수님이 원하는 대로 학생들에게 설정하도록 하는 것이 수업을 진행하는 데 큰 도움이 됩니다.

❶ Zoom 화면 하단의 [참가자] 버튼을 누르시면 화면 오른쪽에 참가자 목록이 나타납니다.

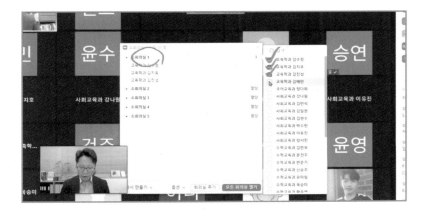

❷ 맨 꼭대기에 보이는 것이 자기 이름입니다. [더 보기]-[이름 바꾸기]를 눌러 참가자의 이름을 '○○학과 홍길동'과 같이 수정해달라고 학생들에게 요구합시다.

❸ 스마트폰이나 태블릿 PC로도 화면 하단에 '참가자' 버튼을 누른 후 맨 꼭대기에 자신의 이름을 선택해 이름을 변경하면 됩니다.

제가 참가자 이름 바꾸기를 강조하는 이유는 크게 두 가지입니다. 첫째, 출석 체크를 하기가 쉽습니다. 둘째, 많은 교수님께서 줌을 사용하는 이유 중 하나는 소회의실 기능을 편리하게 이용할 수 있기 때문입니다. 우리는 줌의 소회의실 기능을 통해 팀 프로젝트와 같은 소그룹 활동을 진행할 수 있습니다. 그런데 소회의실을 사용하려면 학생들을 몇 개의 그룹으로 나눠야 합니다. 줌에는 이런 상황에서 팀 별 인원을 수동 할당 또는 자동 할당하는 기능이 있는데요. 이름이 변경돼 깔끔하게 정렬돼 있으면 학생들을 한 팀에 할당하기가 쉬워집니다.

이렇게 보면 이해가 되실 겁니다. 제가 지난 학기 수업을 진행하면서 소회의실에 학생들을 수동 할당을 하는 모습입니다. 이렇게 학생들의 이름이 가나다 순으로 정렬되기 때문에 차례대로 클릭해 회의실에 할당하기만 하면 끝입니다. 이렇게 모든 학생을 회의실에 할당하는 데 20초도 걸리지 않았습니다.

노트북/스마트폰 동시 접속

노트북으로 호스팅하고

스마트폰으로 학생 입장 모니터링하기

스마트폰에 ZOOM Cloud Meetings 앱을 설치해주세요

스마트폰을 또 한 명의
가상의 학생이라고
생각하시고
〈회의참가〉로 들어오시면,

노트북에서 호스팅하면서
동시에 학생들이 보는
화면을 모니터링 하실 수
있습니다.

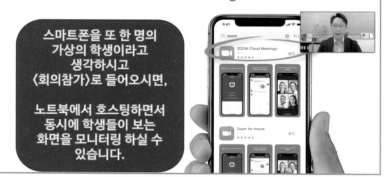

2 오디오 하울링 문제 해결하기

컴퓨터로 수업을 진행함과 동시에 스마트폰으로 학생의 입장이 돼 모니터링하면 수업이 잘 진행되고 있는지 파악하는 데 많은 도움이 됩니다. 스마트폰에 줌을 설치한 후 학생들처럼 '회의 참가'로 들어오면 학생들이 보는 것과 똑같은 화면을 볼 수 있습니다.

모니터링이 중요한 이유 중 하나는 교수님이 화면 공유를 하지 않고 계속 강의를 하는 바람에 학생들이 교수님의 얼굴만 멀뚱멀뚱 쳐다보는 상황이 자주 발생하기 때문입니다. 저도 노트북 옆에 세워놓은 제 스마트폰을 보고 '앗, 내가 화면 공유를 하지 않고 이야기를 하고 있었구나!' 하고 바로 화면 공유를 하기도 합니다. 그럼 바로 스마트폰으로 Zoom을 실행해봅시다.

❶ 스마트폰에서 Zoom을 실행합니다.

❷ 로그인하지 않고 바로 '회의 참가'로 들어갑니다. 로그인하지 않는 것에 유념해주세요. 로그인을 하고 노트북과 스마트폰에서 동시 접속하면 충돌이 생깁니다.

❸ 회의 ID를 입력하고, 본인의 이름을 입력할 때 '홍영일 아이폰' 또는 '홍영일 스마트폰' 등으로 바꿔 스마트폰으로 접속한 것을 명시해주면 도움이 됩니다(학생들에

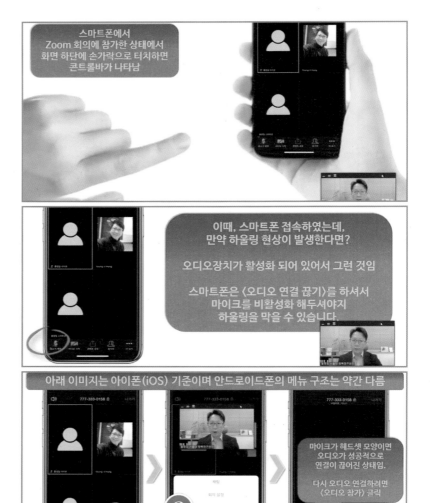

게 이렇게 요청해 주세요.)

❹ 스마트폰에서 Zoom 회의에 참가한 상태에서 화면 하단을 손가락으로 터치하면
컨트롤 바가 나타납니다.

❺ 이때 소리가 겹쳐서 울리는 하울링 현상이 발생하는 경우가 있다면, 오디오 장치가 활성화돼 있어서 그런 것입니다. 스마트폰은 '오디오 연결 끊기'로 마이크를 비활성화해주세요. 그래야만 하울링 현상을 막을 수 있습니다. 그 방법은 다음과 같습니다.

❻ 화면 하단의 [더보기] 버튼을 누릅니다.

❼ '오디오 연결 끊기'를 선택합니다.

❽ 마이크 아이콘이 헤드셋 모양으로 바뀌면 오디오가 성공적으로 연결 해제된 것입니다. 다시 오디오에 연결하려면 '오디오 참가'를 선택하시면 됩니다.

❾ 이와 반대로 컴퓨터에 카메라가 없어서 스마트폰을 메인으로 사용해야 하는 경우가 있습니다. 이럴 때는 스마트폰의 오디오를 켜놓고 컴퓨터의 소리를 비활성화해야 합니다. 컴퓨터의 Zoom에서 [음소거] 버튼 옆의 꺾쇠 모양을 눌러 '컴퓨터 오디오 나가기'를 선택합니다.

❿ 컴퓨터에서도 마이크 아이콘이 헤드셋 모양으로 바뀌었다면 컴퓨터 오디오 연결을 성공적으로 해제한 것입니다.

❸ 비디오 설정하기

다음은 비디오를 설정할 때 꼭 알아두면 좋은 팁을 알려드리겠습니다.

❶ 비디오 미러링

[비디오] 버튼 옆의 꺾쇠를 눌러 '비디오 설정'에 들어가면 '내 비디오 미러링' 기능이 있습니다. '내 비디오 미러링'은 교수자와 학생들 간에 좌우가 헷갈리는 상황을 방지하기 위한 기능입니다.

그런데 이 비디오 미러링의 좌우가 바뀌는 효과는 내 컴퓨터에만 적용되고, 다른 학생들의 컴퓨터에는 적용되지 않습니다. 그래서 어떤 교수님들은 가상 배경에 글자가 있는 이미지를 설정해놓은 상태로 '내 비디오 미러링'을 해놓고 글씨가 거꾸로 보이니 다시 일부러 이미지를 뒤집어두시기도 합니다. 교수님은 글자를 바로 보여주기 위해 한 행동이지만, 결과적으로 학생들은 거꾸로 된 글씨를 보게 되는 것입니다.

비디오 미러링 효과는 나에게만 그렇게 보일 뿐, 참가자들에게는 원래대로 보이기 때문에 가상 배경 이미지를 일부러 뒤집을 필요는 없습니다. 이 점을 꼭 유념해주세요.

❷ 발표자 보기 ⇔ 갤러리 보기 / 한 화면에 49명 보기

갤러리 보기를 하게 되면 보통 25명까지 볼 수 있습니다. 그런데 이것을 49명까지 보이게 하는 방법이 있습니다.

'비디오 설정'의 '갤러리 보기에서 화면당 참가자 최대 49명 표시'의 체크 표시를 하면 됩니다. 그런데 이 기능이 가능하려면 싱글 모니터 사용 시 CPU i7 듀얼코어 이상, 듀얼 모니터 사용 시 CPU i7 쿼드코어 이상이어야만 합니다. CPU는 '내 컴퓨터'의 '속성'에서 확인할 수 있습니다.

❸ 가상 배경 선택

가상 배경 설정을 좋아하는 교수님들 많으시죠? 그런데 이 또한 가능한 컴퓨터가 있고, 가능하지 않은 컴퓨터가 있습니다. 가상 배경을 원활하게 사용하기 위해서는 CPU 4세대 i7 쿼드코어 이상 또는 CPU 6세대 i5 쿼드코어 이상이어야 합니다. 그렇지 않은 경우에는 가상 배경이 깨지므로 가상 배경을 적용하지 않은 상태의 자연스러운 배경을 사용하시면 됩니다.

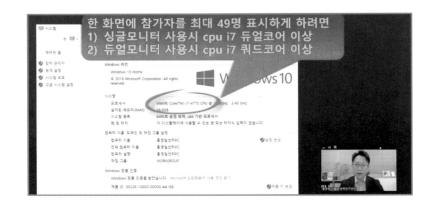

Unit 02

최근 업데이트 확인하기

줌 최신 기능을 사용하기 위해서는 업데이트를 해야 합니다. 특히, 보안 기능이 강화된 설정을 사용하기 위해서는 업데이트가 꼭 필요합니다. Zoom을 오래 전에 설치를 해놓으신 분들은 보안 기능을 모아놓은 보안탭이 안 보일 수가 있어요. 최근에 설치를 하셨다면 모두 보일 겁니다. 즉, 업데이트된 상태여야 보이기 때문에 항상 Zoom을 최신 버전으로 업데이트할 필요가 있습니다. Zoom이 업데이트됐는지 확인하려면 노트북의 바탕 화면에 있는 앱을 실행해야 합니다.

오른쪽 상단에 있는 여러분의 계정을 클릭해보면 메뉴가 펼쳐지는데, 여기서 '업데이트 확인'을 클릭하면 됩니다.

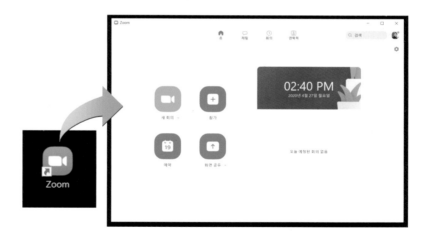

업데이트 확인을 눌러보면 나의 Zoom이 최신 버전인지, 업데이트가 필요한 옛날 버전인지 알려주는 창이 나타납니다. 그래서 '업데이트 사용 가능'이라는 메시지가 나타나고 업데이트를 누르면 최신 버전으로 업데이트됩니다.

76   2부 · 전문가답게 만들어주는 줌 디테일 일곱 가지

이렇게 항상 최신 버전으로 유지하실 필요가 있습니다. 스마트폰에서 버전을 확인하려면 Zoom을 실행한 상태에서 왼쪽 상단의 톱니바퀴 모양의 설정을 누르면 됩니다.

이게 최신 버전인지, 아닌지 확인하려면 안드로이드폰은 플레이스토어, 아이폰은

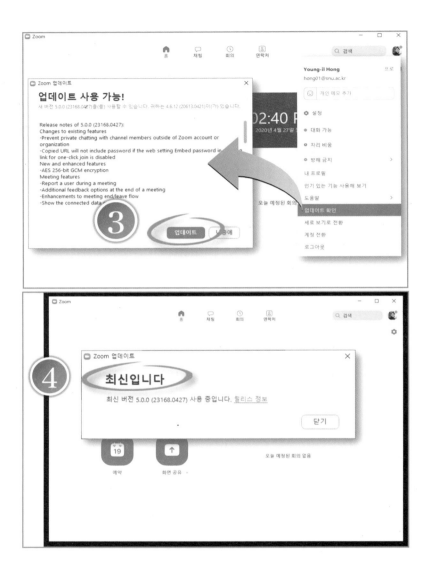

앱스토어에 들어가 Zoom을 검색해보셨을 때 업데이트라고 나타나면 업데이트
를 해야 하고, [열기] 버튼이 나타나면 최신 버전이므로 업데이트를 할 필요가 없
습니다.

스마트폰에서 Zoom 버전을 확인하는 방법

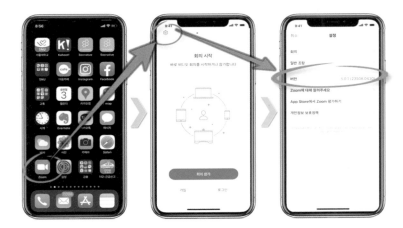

채팅창 200% 활용하기

에듀인뉴스

"ZOOM 아웃 해야 하나요?"..쌍방향 화상수업 '줌' 보안 강화

한지원 기자　ⓒ 승인 2020.04.09 14:06　댓글 5

김나윤 2020-04-09 19:02:16

실제로 홍영일 교수님의 수업을 두개 듣고 있는 대학생입니다. ZOOM으로 수업함에 있어 저희들도 어려울때가 있었는데 나서서 동영상을 통해 ZOOM사용팁을 알려주시는 교수님입니다. 실제로 계정에 들어가보면 여러강의들이 있는데 유익하니 참고해주세요. 교수님이 얼마나 ZOOM을 활용하느냐에 따라 강의 전달력 및 학생참여도가 올라간다고생각합니다. 실제로 홍교수님의 수업은 팀플도 주체적으로 이루어지고 의견이 자주오가지만 타교수님은 채팅을 못보셔서 오디오가 고장난 학생이 출책이 안되던가 새로생긴 대기실기능으로 튕겨나갔다가 수업에 참여하지 못한 학생의 사례가 있기 때문입니다. ZOOM을 통해 학생은 주체적으로 참여하는 학생이, 교수님은 현장감있는 수업진행을 하여 보다 향상된원격수업이 진행되길 바랍니다.^^

❶ 채팅은 음성 못지않은 기본적인 소통 창구이기 때문에 채팅창만 잘 사용해도 줌을 200% 활용할 수 있습니다.

❷ 요즘 10대, 20대 젊은 세대들은 화면에는 수업이나 다른 영상을 틀어놓은 채 채팅하는 것에 익숙합니다. 실제로 같은 공간에 있으면서 음성 대신 채팅으로 대화하는 경우도 자주 있습니다.

❸ 채팅창은 간단한 퀴즈에도 사용할 수 있습니다. 교수님이 퀴즈를 내고 5초 안에 채팅창에 일제히 정답을 올리도록 해보는 거죠. 이럴 때 모두에게 공개 메시지로 올리게 할 수도 있고, 정답이 미리 노출되는 것을 방지해 호스트(교수)에게만 보이도록 비공개 메시지로 올리게 할 수도 있습니다.

채팅창 하단에 있는 [더 보기]를 누르면 채팅 상대를 설정할 수 있습니다. 마우스로 클릭만 해주면 설정이 간단하게 끝납니다.

❹ 비디오를 사용하지 않고 채팅창으로 소통하는 것이 너무 적막하다고 느껴지신다면 비디오를 끄고 대답은 채팅창으로 하되, 프로필 사진을 자기 얼굴로 등록하도록 요청하는 방법도 있습니다. 이렇게 하면 직접 대화하지 않더라도 얼굴이 보여서 마치 마주보고 대화하는 느낌이 듭니다.

Unit 04

설문조사 기능 활용하기

설문 조사 기능은 유료 회원 전용입니다. 혹시 Zoom을 유료 버전으로 사용하고 있는 교수님이 있으시다면 이 설문 조사 기능을 꼭 활용해보시기를 추천드립니다.

❶ Zoom 홈페이지에 접속해 로그인한 후 '설정' 항목으로 이동합니다. 그중 '회의'의

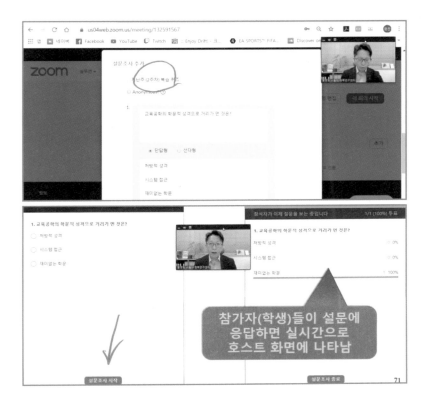

'회의 설문조사' 기능에 체크 표시를 하면 설문 조사가 가능해집니다.

❷ 이후 '회의' 항목에서 '새 회의 예약'을 하면, 새로 만들어진 회의 맨 밑에 설문을 추가할 수 있는 메뉴가 생성됩니다. 간단히 설문 제목, 문제, 보기를 입력할 수 있습니다. 한 가지 응답만 허용하는 단답형이나 복수 응답을 허용하는 선다형을 선택할 수도 있습니다.

❸ [설문 조사 시작] 버튼을 누르면 학생들에게 설문이 나타납니다. 그리고 학생들이 응답하면 위 화면과 같이 학생들의 반응이 실시간으로 제시됩니다. 또한 지금 몇 명이 참여했는지도 확인할 수 있습니다.

❹ 설문을 중지하고 [결과 공유] 버튼을 누르시면 학생들의 모니터에 결과가 공유됩니다.

❺ 이 설문 결과를 띄워 놓고 수업을 진행하시면 학생들의 의견을 기반으로 한 수업이 가능해집니다.

화면 공유가 능숙해야 Zoom과 더 친해진다

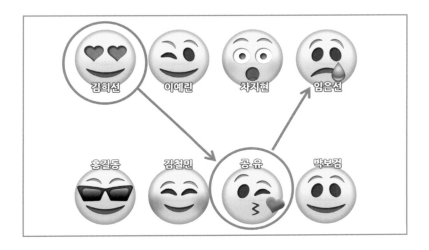

화면 공유는 Zoom의 핵심 기능 중 하나입니다. 따라서 화면 공유를 능숙하게 할 줄 알아야 Zoom과 더 친해질 수 있습니다.

■ 주석 작성 기능을 사용하려면?

화면을 공유한 상태에서 상단의 [주석 작성] 메뉴를 선택하시면 주석 툴바가 나타납니다. 주석 툴바는 왼쪽부터 마우스, 선택, 텍스트, 그리기, 스탬프, …의 순으로 다양한 기능을 제공합니다. 하나하나 자세히 설명하기보다는 하나씩 눌러가면서 각자 기능을 연습해보시는게 가장 빨리 배우는 길이에요. 맨 오른쪽의 [저장] 버튼을 누르면 모니터상의 화면이 그대로 이미지 파일로 저장됩니다.

[그리기] 버튼을 누르면 펜으로 그림을 그리거나 글씨를 자유롭게 쓸 수 있습니다.

■ 주석 작성 기능의 A to Z

다양한 PPT 템플릿을 활용하면 수업을 훨씬 매끄럽게 진행할 수 있습니다. 예를 들어, 수업 첫날 학생들과의 서먹한 분위기를 부드럽게 만들 때도 사용할 수 있습니다. 이런 식으로 파워포인트에 학생들의 이름을 띄워놓고 서로 자기 소개를 진행합니다. 한 명이 자기 소개를 할 때마다 이름을 체크하다 보면 학생들의 이름과 친숙해지게 됩니다. '주석' 기능을 사용해 현재 말하고 있는 학생을 표시할 수도 있고, 다음 타자가 누구인지도 보여줄 수 있습니다. 이런 식으로 '주석 작성' 기능을 활용하

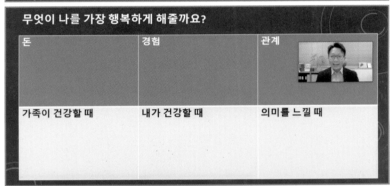

성명	줌 교육효과성 몇점?	내가 생각하는 진정한 혁신이란?
홍길동		
김갑돌		
이을숙		
정병철		
박정수		
최무열		
나기숙		
......		

무엇이 나를 가장 행복하게 해줄까요?

돈	경험	관계
가족이 건강할 때	내가 건강할 때	의미를 느낄 때

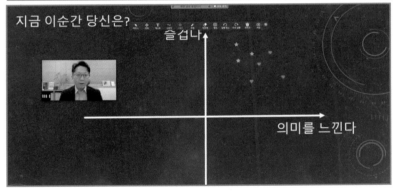

지금 이순간 당신은?

슬겁나

의미를 느낀다

면 한 명도 누락되지 않는 장점이 있습니다. 그리고 다른 학생들의 발표 상황을 지켜보면서 서로 이름을 기억하게 만드는 데도 도움이 됩니다.

지금 보고 계시는 템플릿은 학생들의 이름을 왼쪽에 적어두고 학생들이 빈 자리에 내용을 직접 채울 수 있는 형식입니다. 이 경우에도 '주석 작성' 기능을 통해 자신의 의견을 작성할 수 있습니다.

이런 템플릿은 어떨까요? 자기가 해당하는 칸에 이름을 써보게 하면 재미 있겠죠?

템플릿은 이와 같이 '주석' 기능의 스탬프를 활용해 도장을 찍으면서 학생들이 익명으로 가볍게 참여할 수 있어 매우 효과적입니다. 학생들의 기분이나 느낌을 빠르게 캐치하기에 좋겠죠?

❸ 아이패드(갤럭시탭, 갤럭시노트)를 활용해 자연스럽게 판서하기

두 번째는 아이패드를 활용한 판서 예시입니다. 저는 그림을 그리는 걸 좋아하는데요. 이렇게 자유로운 형태도 아이패드 등을 이용해 판서할 수 있습니다.

❹ 화면 공유 시 비디오 썸네일이 글씨를 가린다면?

저도 비디오 썸네일을 이동해가면서 수업을 하고 있습니다. 글씨가 많은 파워포인트 슬라이드를 수업에 활용하다 보면 어쩔 수 없이 썸네일이 내용을 가리게 되죠.

이럴 때 글씨를 가리는 비디오 썸네일을 마우스로 클릭해 다른 곳으로 옮기면 문제가 해결됩니다.

그리고 썸네일 맨 위의 첫 번째 버튼을 누르면 현재 말하는 사람 이름 외의 비디오는 가려집니다. 또 두 번째 버튼을 누르면 현재 말하는 사람의 비디오만 보입니다. 그리고 모서리를 드래그하면 비디오의 크기도 자유롭게 제어할 수 있습니다. 세 번째 버튼을 누르면 비디오가 세로로 길게 펼쳐집니다. 네 번째는 그리드 표시입니다. 이 버튼은 모자이크 형식으로 정렬된 참여자 비디오를 늘리거나 줄여서 볼 수 있습니다.

이 기능을 사용하면 화면 공유를 하면서도 학생들의 얼굴을 확인할 수 있기 때문에 수업에 많은 도움이 됩니다.

5 엑셀 공유 시 다른 워크시트가 안 보인다면?

화면 공유를 하다 보면 엑셀 공유 시 다른 워크시트가 보이지 않는 문제가 발생할 수 있습니다. 이것은 우리가 화면을 공유할 때 하는 흔한 실수 중 하나입니다.

화면 공유를 프로그램에서 바로 열면, 연관된 기능이 제대로 작동하지 않을 수 있습니다. 이럴 때는 화면 공유 창의 첫 번째에 위치하고 있는 '화면'을 선택해 공유하는 것이 가장 좋습니다. '화면'을 선택하는 것은 내 화면 전체를 공유하는 것이기 때문에 어떤 것을 띄우더라도 학생들에게 모두 보입니다.

화면을 한 프로그램만 선택해 공유하게 되면 이외의 것들은 보이지 않게 됩니다. 화면 공유 시에는 이 점에 유념하셔야 합니다.

모두에게 추천 기능
활용하기

Zoom으로 수업하다 보면 많은 사람이 이야기할 때 Zoom이 목소리를 추적하는 탓에 말하는 사람을 따라 화면이 계속 바뀌는 경우가 있습니다. 이러한 상황이 반복되면 수업을 진행하기 어려워집니다.

이러한 경우에도 비디오가 자동으로 다른 사람 얼굴로 전환되지 않게 하는 방법이 있습니다. 이 문제를 해결해주는 것이 바로 '모두에게 추천' 기능입니다. '모두에게 추천' 기능은 모든 참가자에게 특정 학생의 비디오를 고정시켜 보여주는 기능입니다.

❶ 한 학생의 비디오를 모두에게 공유하고 싶다면 어떻게 해야 할까요? 우선 해당 학생의 비디오에 마우스 커서를 올려놓습니다.

❷ [더 보기] 버튼을 클릭합니다.

❸ [모두에게 추천 선택]을 누릅니다.

❹ 그러면 해당 비디오가 고정돼 모든 학생이 이 학생의 비디오를 볼 수 있습니다.

❺ 화면 공유 중에도 '모두에게 추천'으로 설정된 학생의 얼굴이 화면 한 쪽에 떠 있는 것을 확인할 수 있습니다.

❻ '모두에게 추천' 대신 '핀'을 선택하시면 나에게만 그 사람의 비디오가 고정되고, 다른 참가자에게는 반영되지 않기 때문에 헷갈리지 않도록 주의하세요. 꼭 '모두에게 추천'을 선택해야 모두에게 반영됩니다.

❼ '모두에게 추천'을 한 후에는 '추천 추가' 기능을 사용해 최대 9명까지 비디오를
추천할 수 있습니다. 예를 들어, 호스트인 나 자신을 '모두에게 추천'한 후 다른 학생
한 명을 '추천 추가'로 설정하면 두 사람의 얼굴이 나란히 보입니다. 이렇게 최대 9명
까지 불러모을 수 있습니다. 팀 프로젝트 발표 또는 토론 수업을 할 때 사용하면 좋
습니다.

Unit
07

소회의실 기능
연습하기

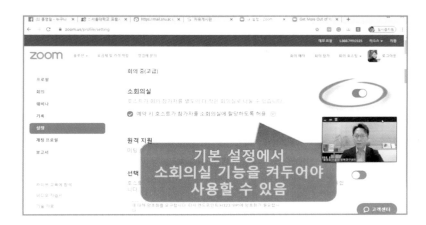

교수와 학생 간, 학생과 학생 간의 소통을 극대화하려면 Zoom의 소회의실 기능을 사용하면 됩니다.

아직 소회의실 기능을 사용해본 적 없는 분들은 Zoom에서 소회의실 버튼이 보이지 않으실 겁니다. 그래서 소회의실 기능을 처음 사용해보시는 분은 Zoom 홈페이지에서 로그인한 후 '설정' 메뉴에 들어가 '회의' 안에 있는 '소회의실' 기능을 켜줍니다. 이 기능을 켜야 Zoom에서 소회의실 기능이 보이게 됩니다.

소회의실을 이용할 때 몇 가지 유용한 팁을 네 가지로 나눠 설명하겠습니다.

❶ 자동 할당 vs. 수동 할당

소회의실을 사용하면서 그룹을 수동으로 할당했을 때, 그 상태를 다음

첫째, 새회의 예약할 때, 소회의실 미리 할당하시는 방법입니다. 그러나 이 방법은 추천드리지 않습니다. 저도 몇번 시도해 보았으나 오히려 번거롭고 불편했습니다. 학생들에게 모두 zoom 무료회원가입 후 이메일 계정을 달라고 해서 작업해야 합니다.

둘째, 학생들의 팀이 결정되면, 팀장이 직접 zoom 회의를 개설하여 팀끼리 zoom 회의를 진행하게 하는 방법입니다. 가장 추천드리는 방법이며, 학생들도 스스로 자율권을 가지고 진행하는 방식이어서 학생들도 좋아하고 교수님도 훨씬 편하십니다. 또한 각 팀마다 직접 호스팅한 친구가 기록(녹화)한 파일을 제출하게 하면 다들 열심히 참여할 뿐만 아니라, 팀별 초대링크를 교수님도 받아두시면 팀 프로젝트 진행 중에 직접 참가자로 들어가실 수도 있기 때문에 소회의실 기능 사용하는 것 못지 않게 자유롭게 드나드실 수 있습니다.

셋째, 소회의실 기능을 그대로 사용할 경우, 매번 수동할당하는 방법입니다. 이것도 추천드립니다. 수동할당이 시간도 걸리고 할텐데 왜 추천하냐고 하실텐데요, 이게 요령이 있습니다. zoom 수업에 참가한 학생들의 이름을 각각 **"1팀 홍길동" "1팀 김갑동" "2팀 이을숙" ....** 이런 식으로 참가자 이름을 변경하라고 한 뒤에, 수동할당하시면 엄청 편하고 빠르게 진행할 수 있습니다. 이름이 팀명 순서대로 소팅되기 때문에 마우스로 클릭클릭 하면서 순식간에 할 수 있죠. 제가 50명을 그렇게 진행할 때도 불과 20초면 할당을 완료합니다. 20초라는 시간동안 계속 이런 저런 말씀을 하실 수 있죠. 가령 팀활동할 때 유의사항이나, 또는 내가 지금 소회의실 만들고 있다는 말을 생중계하시면서 진행해도 돼죠.

저는 팀활동 시간이 길어야 할 경우에는 **두번째** 방법을, 팀 활동이 짧을 때는 **세번째** 방법을 사용합니다.

팀활동이 일시적일 때는 물론 자동할당 방법을 쓰죠^^

활동에도 유지할 수 있는 방법이 있을까요? 아니면 매번 수동으로 설정해야만 할까요?

결론부터 말하면 매번 수동으로 설정할 필요는 없습니다. 이에는 크게 세 가지 방법이 있습니다.

❶ 첫째, 새 회의를 예약할 때 소회의실을 미리 할당하는 방법입니다. 그러나 이 방법은 학생들에게 모두 Zoom에 가입할 때 사용한 이메일 계정을 받아 작업해야만 합니다. 따라서 번거롭고 불편하기 때문에 추천해드리지 않습니다.

❷ 둘째, 학생들의 팀이 결정되면 팀장이 직접 Zoom 회의를 개설해 팀끼리 Zoom 회의를 진행하게 하는 방법입니다. 이 방법을 가장 추천드립니다.

학생들 스스로 자율권을 갖고 진행하는 방식이라 좋아하고, 교수님도 편합니다. 또한 각 팀마다 팀장이 회의를 기록한 파일을 제출하게 하면 모두 열심히 참여합니다. 그리고 팀별 초대 링크를 교수님이 받아두시면 팀 프로젝트를 진행하는 도중에 직접 참가자로 들어가실 수 있습니다.

❸ 셋째, 소회의실 기능을 매번 수동으로 할당하는 방법입니다. 이것도 추천드립니다.

불편한 방식처럼 느껴지실 수도 있지만, 요령을 알게 되면 매우 편합니다. Zoom 수업에 참가한 학생들의 이름을 각각 '1팀 홍길동', '1팀 김갑

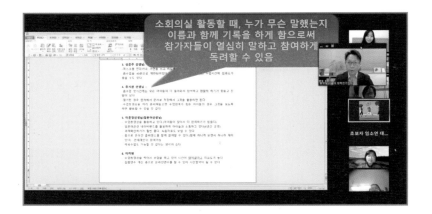

동', '2팀 이을숙' 등으로 지정하도록 요청하시기만 하면 됩니다. 그러면 참가자 목록이 가나다 순으로 배열되면서 팀별로 정리됩니다. 이렇게 정렬된 명단을 클릭해 수동으로 할당하시면 몇 초 만에 모든 소회의실을 개설할 수 있습니다.

개인적으로 팀 활동이 길 때는 두 번째 방법, 짧을 때는 세 번째 방법을 사용합니다.

❹ Zoom 버전 5.3.0 이후부터는 소회의실에 참가자를 할당할 때 '참가자가 소회의실을 선택하도록 허용' 항목이 추가됐습니다. '참가자가 소회의실을 선택하도록 허용'에 체크 표시를 한 후 5개의 소회의실을 만들어보겠습니다.

5개의 빈 회의실이 만들어졌습니다.

소회의실 만들기 창 하단에는 옵션이 있는데, 여기에서 몇 가지 세부 사항을 설정할
수 있습니다.

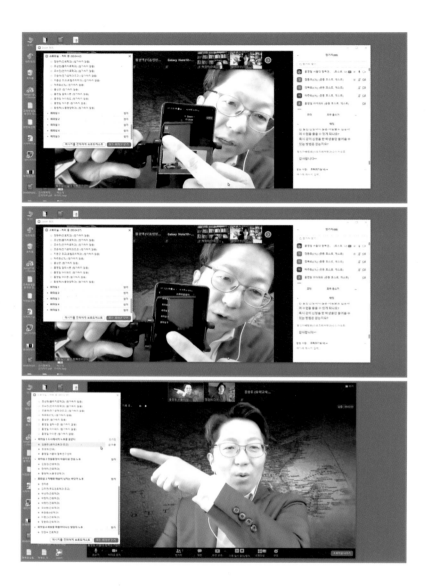

세부 설정을 마친 후 [모든 회의실 열기]를 클릭하면 참가자들의 PC에서도 소회의
실 버튼이 생성되고, 참가자들도 회의실을 스스로 선택해 들어갈 수 있습니다.

스마트폰으로 참가한 학생들도 스마트폰의 왼쪽 상단에 소회의실 버튼이 생성돼 스
스로 방을 찾아들어갈 수 있습니다.

☒ 각 소회의실마다 팀장과 서기 선출

두 번째 팁은 각 소회의실마다 명확한 역할 분담을 하는 겁니다. 팀마다 팀장을 선출하고 회의를 기록할 서기를 지정합니다. 그렇게 되면 회의가 매우 일사불란하게 진행되는 것을 확인하실 수 있습니다. 선출 방법은 가위바위보를 활용하셔도 좋습니다.

☒ 누가 무슨 말 했는지 이름과 함께 기록

소회의실 활동을 할 때 누가 무슨 말을 했는지 모든 회의 내용을 이름과 함께 기록하도록 요구하면, 참가자들은 자신의 행동이 기록으로 남기 때문에 더 열심히 참여하게 됩니다. 제가 가장 강력하게 추천하는 방법입니다.

그리고 소회의실 참가자 중 한 명을 선택한 후 [더보기] 버튼을 눌러 '기록 허용' 권한을 지정해주면, 해당 학생이 소회의실의 상황을 녹화할 수 있습니다.

4 팀 프로젝트는 소회의실보다 학생들이 독립적으로 Zoom 미팅을 하는 게 효과적

팀 프로젝트는 앞서 이야기한 것처럼 소회의실보다 학생들이 개별적으로 미팅하도록 하는 것이 효과적입니다. 이렇게 각 팀별로 활동하도록 요구한 후 Zoom 회의실을 호스팅한 학생에게 기록 파일을 제출하라고 요청할 수 있습니다.

이런 방식으로 진행하면 학생들은 교수님의 눈치를 보지 않고 더욱 적극적으로 참여하게 됩니다. 그리고 교수님은 Zoom 링크를 받아 언제든지 참여할 수 있습니다.

1 강의식 수업: 한 명씩 대화해 나가되, 공통 질문/개별 질문을 섞어라

강의식 수업이라면 수업을 하면서 1 대 1로 대화 상대를 한 명씩 바꿔가시면 됩니다. 슬라이드 한 장을 넘길 때마다 바꾼다고 생각하시면 어렵지 않게 진행할 수 있습니다.

2 토론식 수업: 소회의실(Zoom Breakout Room)을 적극 활용하라

3 팀 프로젝트 수업: 학생들끼리 자체 화상회의를 진행하도록 한 후 기록하고 제출하게 하라

4 온라인 수업의 모든 과정을 기록하고 저장해 결과물과 함께 제출하도록 하라

최종 결과물과 함께 제출하게 되는 과제 수행 중간 산출물은 일거양득의 효과를 볼 수 있습니다.

❶ 첫째, 무엇보다 먼저 공정하고 객관적인 평가가 가능합니다.
학생들이 평가 결과에 대해 질문할 때 충분한 데이터를 근거로 평가의 근거를 설명해줄 수 있습니다.

❷ 둘째, 학생들에게도 의미 있는 결과물이 됩니다.
학생들은 자신의 노력이 사라지지 않고 학습 포트폴리오가 남은 것을 뿌듯해하고, 이를 나중에 취업하거나 진학할 때 자신의 역량을 어필하는 근거 자료로 사용하기도 합니다.

❸ 셋째, 다음 학기 수강생들에게 선배들의 성공 사례뿐 아니라 시행착오 경험을 공유해줄 수 있습니다.

선배들이 직접 비슷한 과제를 수행한 결과보다 학생들에게 더 반가운 수업 자료는 없습니다. 도서관이나 인터넷에서 이런 저런 자료를 찾는 것보다 훨씬 더 관심을 갖고

정독하고 분석하게 되는 것이 바로 선배들의 노력의 산물이죠. 선배들이 남긴 산물들을 그대로 공개하면 후배들은 선배들의 시행착오를 딛고 한 단계 업그레이드된 결과를 산출하기도 합니다. 우수한 결과물을 중심으로 프로젝트 결과물을 공개하면 학생들은 최선의 노력을 다하게 됩니다.

5 교수가 모든 피드백을 주는 것보다 동료 피드백을 적극 활용하고 교수는 간헐적으로 피드백하라

1 화면 공유 시 필기가 밀리지 않는 방법

Q 저는 PPT를 띄워 놓고 강의하고 있는데요. 슬라이드를 넘길 때 앞 장에서 필기한 걸 지워야 하는 문제가 있습니다. 다른 방법이 없을까요?"

A 물론 있습니다. 우선 Zoom을 실행해주세요. 가운데에 있는 [화면 공유] 버튼을 눌러 파워포인트를 띄워보겠습니다.

학생들이 보는 화면은 가운데에 파워포인트 화면이 있고, 한쪽 구석에 동영상 썸네일이 있습니다. 이 상태에서 제가 Zoom의 '주석' 기능을 사용해 필기를 해보겠습니다.

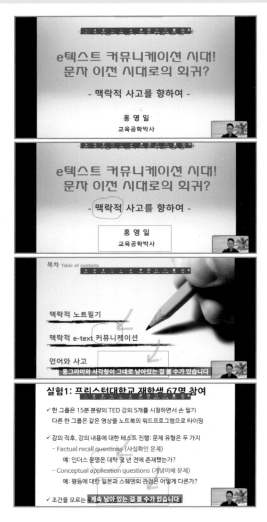

이렇게 그림을 그린 후 다음 페이지로 넘겨보겠습니다. '주석' 박스에서 '마우스'를 선택한 상태에서 Spacebar 를 누르거나 마우스를 클릭하면 다음 슬라이드로 넘어갑니다. 그런데 여기서 문제가 발생합니다. 앞 슬라이드에서 그린 동그라미와 사각형이 그대로 남아 있는 걸 볼 수 있습니다. 슬라이드가 넘어가도 계속 남아 있죠.

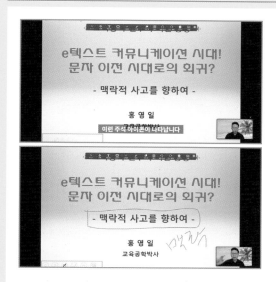

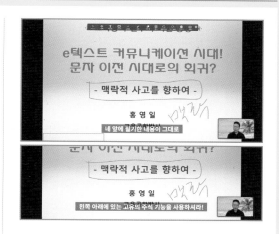

이럴 때는 파워포인트의 '주석' 기능을 활용하시는 것이 좋습니다. 좌측 하단에 마우스 커서를 올려놓으면 다음과 같은 '주석' 아이콘이 나타납니다. 여기서 '펜'을 선택해 여러 가지 모양을 그려보겠습니다. 이렇게 한 후 슬라이드를 넘겨보겠습니다.

아까와 달리, 앞서 필기한 내용이 나타나지 않죠? 다시 뒤로 가볼까요?

필기한 내용이 앞 슬라이드에만 그대로 남아 있는 것을 확인할 수 있습니다. 파워포인트의 고유 기능이 그대로 살아 있는 것이죠. 결론은 파워포인트의 왼쪽 아래 있는 고유의

주석 기능을 사용해야 한다는 것입니다.

❷ 화면 공유 시 예쁘고 깔끔하게 필기하기

Q 화면 공유 상태에서 글씨를 깔끔하게 쓰는 방법이 궁금합니다.

A 보통 Zoom 화상수업을 진행하면서 화면을 공유했을 때 파워포인트나 화이트보드를 띄워 놓고 글씨를 쓰게 되잖아요. 그럴 때 어떻게 하면 글씨를 더 예쁘게 쓸 수 있는지에 대해 질문하시는 분들이 상당히 많습니다.

화이트보드를 공유했습니다. 그런데 이 상태에서 그냥 마우스로 글씨를 쓰려고 하면 잘 안 써지죠. 뭔가 부드럽게 잘 써지지 않아요. 이럴 때 어떤 방법이 있을까요?

아이패드 또는 갤럭시 노트 제품은 이런 펜이 있기 때문에 상당히 정교하게 글씨를 쓸 수 있고, 그림도 그릴 수 있습니다.

그러면 아이패드로 로그인을 하고 들어오는 거예요.
이때, 로그인은 하지 마시고 그냥 '회의 참가' 누르고 참가하시면 됩니다.

수학 공식도 쓸 수 있습니다. 제가 좋아하는 시도 한 번 써볼게요. 펜 굵기를 조절해 쓰면 또 다른 느낌으로 쓸 수도 있습니다.

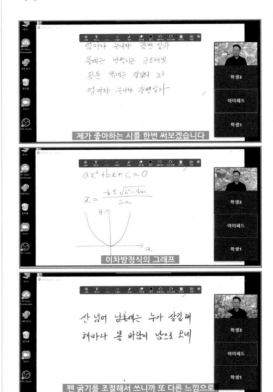

그러면 제가 화면 공유하고 아이패드에서 글씨 쓰거나 그림을 그리는 것을 시연해볼게요. 연필 모양 펜을 선택하고 그

려볼게요.
그림 예쁘게 그렸죠? 아이패드와 갤럭시 노트 펜슬이 있으면 이런 그림을 충분히 그릴 수 있다는 것을 보여드렸습니다.

3부
화상수업의 **묘미**:
언제 화상수업을 해야 하는가?

본격적인 이야기를 시작하기 전에 최근 흥미롭게 본 한 방송을 소개하고 싶다. MBC에서 매주 토요일마다 생방송으로 진행되는 '백파더'는 백종원 씨가 쌍 방향 소통으로 시청자들과 함께 요리 수업을 진행하는 방송이다.

'백종원 씨의 '백파더'를 보면 또 어떤 새로운 강력한 레시피를 전수받을 수 있을까? 기대되네.'

이런 생각으로 '백파더'를 본다면 기대는 산산조각 나고 만다. 칼럼니스트 정 종원 씨는 '이건 방송사고 수준이다. 천하의 백종원도 이러면 요리 못한다.'라 며 혹평을 쏟아내기도 했다.

체계적인 레시피를 얻고자 이 방송을 시청한 것이라면 정 칼럼니스트의 지적 은 백 번 지당하다. 하지만 이 방송은 레시피 소개보다는 백종원이 화상수업 을 진행하는 것 자체가 중요한 콘셉트다. 만약 전자를 기대하고 방송을 본다 면 시청자들은 요리의 '요'자도 모르는 '요린이'들이 낑낑대며 사투를 벌이는 장면에 의아함을 느낄 것이다. 이와 반대로 '이런 방송도 있구나!' 하고 이 방 송을 보게 된다면, 예상치도 못하게 일어나는 온갖 실수가 오히려 재미 요소 가 되어 시청자를 배꼽 잡고 웃게 만든다. 사람들은 요리의 완성도와 상관없 이 사람들이 실수를 하는 그 상황 자체에서 현장의 매력을 느끼는 것이다.

"잠깐, 이 모습 어디서 보지 않았던가?"

새로운 형식에 진땀을 흘리는 백종원 씨를 보면서 한참 웃고 있자니 이 장면 이 어딘가 익숙하게 느껴진다. 생각해보니 온라인 수업에 익숙해지지 않아 매 수업마다 곤욕을 치르는 내 모습과 닮았다. 며칠 전 진행했던 Zoom 수업 에서 실수를 연발했던 기억 때문에 잠자리에 누우면 그 생각이 나 얼굴이 빨 개지고는 했었는데, 화면 속의 백종원 씨를 보니 '천하의 백종원도 저렇게 실 수를 하는데 내 실수가 뭐 대수라고!' 하는 생각마저 들어 위로가 된다.

우리가 진행하는 수업도 이 방송과 마찬가지다. 수업하는 교수자도, 수업을 듣는 학생들도 온라인 수업은 난생 처음이다. 그러니 실수하는 것이 어떻게 보면 당연한 일이다. 처음부터 잘하는 사람이 어디 있겠는가. 처음 경험하는 일에 부담을 갖기보다는 일단 도전해보자. 누가 알겠는가. 이 시행착오들이 우리에게 즐거움을 느끼게 해줄지…. 그런 생각을 하니 갑자기 의욕이 불쑥 솟아오른다.

"그래, 자신감을 갖고 해보는 거야. 할 수 있다!"

H 교수는 철저히 비대면 수업을 준비하기로 다짐한 다음 날, 서점에 들러 Zoom 사용법 책을 찾아봤다. 책을 몇 장 넘기다 보니 딱딱한 말투에 흥미가 뚝 떨어져 바로 덮어버렸다. 영상은 덜 지루하지 않을까 싶어 참고할 만한 유튜브 영상을 찾기 위해 한참을 돌아다니고 있는데, 그 모습을 본 동료 교수가 불쑥 말을 건넨다.

"홍 박사 수업 몰라?"
"홍 박사가 누구지? 유명한 사람인가?"

여태까지 한 번도 들어본 적 없는 이름이었다. 미지근한 반응에도 굴하지 않고 홍 박사 수업을 꼭 들어보라며 연신 엄지를 치켜올리는 교사에 말에 반신반의하며 홍 박사가 진행하는 워크숍에 참가했다. 수업하나 듣는다고 큰 도움이 될까? 이게 수업을 듣기 전 H 교수가 갖고 있던 솔직한 심정이었다.

Unit 01 동영상 강의와 쌍방향 화상수업

동영상 강의 vs. 쌍방향 화상수업

동영상 강의는 언제 해야 하나?
• 지식과 이론을 체계적으로 전달해야 할 때, 교재를 이용해 진도를 나갈 때

쌍방향 화상수업은 언제 해야 하나?
• 쌍방향 소통이 필요할 때
• 즉각적인 피드백이 필요할 때
• 학생들끼리 팀 프로젝트를 수행할 때

강의는 비대면으로 진행됐다. 수업을 시작하기 전에 참여자 수를 확인했더니 400명이 넘는다. 화면 속에 선생님들이 자리를 채우고 있는 모습을 보니 묘하게 긴장돼 자세를 고쳐 앉는다. 강의는 동영상 강의와 쌍방향 화상수업의 특징을 설명하는 것부터 시작한다. 다음은 홍 박사의 강연의 일부다.

"동영상 강의와 쌍방향 화상수업, 각각을 선택할 때 우리가 고려해야 할 체크 포인트가 있습니다. 동영상 강의는 지식과 이론을 체계적으로 전달해야 할 때나 교재를 이용해 진도를 나갈 때 사용하는 것이 당연히 좋겠죠?"

수업은 홍 박사가 이야기한 것처럼 어떤 매체를 사용하느냐에 따라 매우 다양하게 진행된다. 쌍방향 수업의 경우, 학생들과 대화를 하며 풀어나가다 보니 진도가 상당히 느려지는 경향이 있다. 저번 학기에 실제로 쌍방향 수업을 많이 하려고 하다가 진도가 밀리는 것을 보고 황급히 동영상 강의로 바꿨던 기억이 난다.

"그렇다면 쌍방향 소통은 어떤 상황에서 선택해야 할까요? 당연히 쌍방향 소통이 필요할 때겠죠. 예를 들면, 학생들에게 즉각적인 피드백을 제공할 때입니다. 또는 학생들끼리 팀 프로젝트를 수행할 때도 자주 사용합니다."

홍 박사는 한 가지 예시를 들었다. 학생이 실습 활동 이후 보고서를 제출할 때 게시판을 통해 피드백하는 것이 좋을까, 아니면 실시간으로 피드백하는 것이 좋을까? 물론 게시판을 통해 피드백을 제공하는 것도 한

가지 방법이다. 하지만 쌍방향 수업에서 조별 또는 개별 피드백을 하게 되면 해당 학생뿐 아니라 다른 학생들도 그 피드백을 경청하게 된다. 이 처럼 학생들은 서로 보충 의견을 주고받는 과정에서 자극을 받게 돼 더욱 폭넓은 사고가 가능해진다.

학생들끼리 팀 프로젝트를 진행할 때도 쌍방향 소통이 많은 도움이 된다. 특히 Zoom의 소회의실 기능을 이용하면 활발한 소그룹 활동이 가능하다.

"소회의실 기능은 Zoom에서만 사용할 수 있는 건가요?"

Zoom 이외에도 자주 사용되는 구글 행아웃(Hangouts)이나 마이크로소프트 팀즈(Teams)의 경우에는 소그룹 활동 기능이 없다. 하지만 이런 프로그램을 활용해도 팀 프로젝트가 가능하다.
학생들이 각자 팀별로 가상 회의실을 만들고, 그 안에서 모임을 이어나가면 팀 프로젝트를 원활하게 진행할 수 있다. 이런 경우, 교수자는 각 팀이 개설한 회의실에 초대를 받아 참여하면 된다. 홍 박사는 이렇듯 수업에서 교수자가 학생들이 자율적으로 진행할 수 있도록 유도하면서 학생들이 잘할 수 있도록 독려해준다면 만족스러운 팀 프로젝트를 진행할 수 있다고 말한다. 정리하면 쌍방향 화상수업은 쌍방향 소통으로 교육적 효과가 극대화될 때 선택해야 하는 것이다.

이야기를 듣고 나니 쌍방향 수업이 힘들기는 해도 동영상 수업보다 활용도도 높고 효과적인 방법처럼 느껴진다. 역시 화상수업이 답인가? 그렇게 생각하는 순간, 홍 박사가 입을 연다.

"쌍방향 강의는 분명 많은 장점을 갖고 있지만, 모든 상황에서 쌍방향 강의를 사용하는 것이 효과적이지는 않습니다. 학생들이 원하는 수업은 100% 실시간 쌍방향 수업도 아니고, 100% 동영상 강의도 아니거든요.

지난 학기에 제 수업을 들은 300명 정도의 수강생들에게 물어보니 실시간 쌍방향 수업과 동영상 강의의 적절한 조합을 원한다는 의견이 대부분이었어요. 비대면 수업 나름대로의 매력과 강점이 있다는 것이죠."

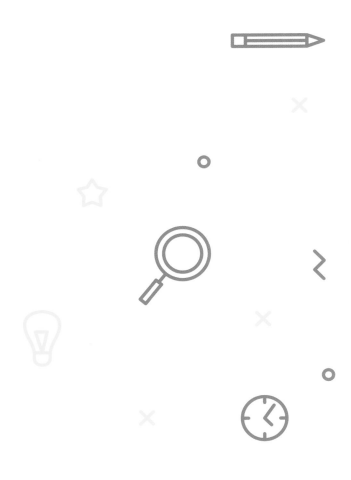

학생들이 두 가지 방법을 모두 사용하는 것을 선호한다고? 예상하지 못한 결과다. 나를 이해시키기라도 하듯 홍 박사는 몇 가지 자료를 화면에 띄웠다.

서울대학교에서 지난 7월 1일 공개한 교내 만족도 설문 결과를 살펴보면, 쌍방향 수업인 Zoom 수업에 대한 학생들의 선호도가 약 30%이고, 이와 비교했을 때 소위 '인강'이라고 말하는 동영상 강의와 ppt 활용 강의가 약 50% 이상의 높은 선호도를 보여주고 있다. 전체적으로 살펴보면 동영상이나 ppt 녹음 자료에 대한 선호가 쌍방향 수업보다 높았다.

하지만 학생들이 Zoom 수업을 선호하지 않는것은 아니다. 소그룹 미팅 기능이 좋다는 학생들의 의견도 꽤 많다. 소그룹 회의, 즉 학생들 간의 쌍방향 소통이 많은 수업일수록 만족도가 상당히 높다.

"그런데 왜 Zoom 수업의 선호도가 동영상 강의보다 낮은 거지?"

그 이유는 Zoom을 활용하는 의미를 찾을 수 없는 수업이 많았기 때문인 것으로 추정된다. 학생들이 '이럴 거면 무엇 때문에 Zoom 수업을 하지?'라는 생각이 들 정도로 교수님 혼자 진행하는 강의라면 동영상으로 하는 것이 훨씬 낫다는 이야기다. 모든 상황에서 한 가지 방법만이 해답은 아니다. 수업 목적에 맞는 방식으로 수업을 진행하면 만족도를 극대화할 수 있다는 것이 이 통계 결과의 핵심이다.

Unit 02 — 원격 수업 방식은 학생에게 유용한가?

초·중·고 약 5만 명 정도가 참여한 수업에 대한 만족도를 평가하는 대구교육청의 연구 결과는 대학 수업에 시사하는 바가 크다.

위 자료에서 알 수 있는 바와 같이 학생들은 '실시간 수업'에서 원격 수업의 유용성을 가장 크게 느낀다. 하지만 실시간 화상수업을 진행한 비율은 초·중·고 모두 10% 이하로 매우 낮다. 선생님들은 원격 수업에 부담감을 느껴 가급적 하지 않으려고 하는데, 학생들은 원격 수업을 가장 효과적인 교육 수단으로 인식하고 있는 것이다. 교수자와 학생 모두에게

동영상 강의와
쌍방향 화상수업의
조합

1안 매주 동영상 강의
시청 후 쌍방향 화상수
업으로 Q&A
2안 이번 주는 동영상
강의, 다음 주는 쌍방향
화상수업
3안 학습목표에 따른
선택적 쌍방향 화상수업

좋은 방식은 쌍방향 수업과 동영상 강의를 적절히 활용하는 것이다.

이야기를 듣고 보니 동영상 수업과 쌍방향 화상수업을 함께 진행해야 한다는 것은 알겠는데, 어떻게 해야 좋은 수업을 만들 수 있을지 잘 떠오르지 않는다. 뾰족한 수가 없을까?

나와 같은 고민을 하는 선생님들이 많아서인지 홍 박사는 직접 실행해보고 결과가 괜찮았던 몇 가지 방법을 소개해줬다. 다음은 홍 박사가 소개해준 내용이다.

첫째, 동영상 강의를 일부 제공해주고 수업은 화상으로 진행하는 것이다. 예를 들어 1, 2교시가 있는 2학점 수업의 경우 1교시는 25~30분 정도의 짧은 동영상을 통해 교과서의 진도를 나가는 강의를 하고, 2교시는 화상으로 만나 질의 응답을 하거나 소그룹 활동을 하는 것이다. 동영상 강의 이후 피드백을 주는 방식으로 진행하면 학생들은 교실에서 하는 것보다 훨씬 강한 몰입감을 느낄 수 있다.

둘째, 두 수업의 빈도를 적절히 섞는 것이다. 동영상 강의와 쌍방향 수업을 격주로 진행하는 것보다 3~4주는 동영상 강의, 5주는 화상수업, 6~7주는 동영상 강의식으로 진행하는 것이 좋다. 이러한 방식은 학생들에게도 좋지만, 교수자에게도 훨씬 편한 방법이다.

셋째, 학습 목표에 따라 동영상 강의를 원칙으로 하되, 쌍방향 화상수업을 선택적으로 진행하는 것이다. 실습 전후로 목적에 맞게 쌍방향 수업을 넣는 것인데, 이러한 쌍방향 수업 시간을 통해 학생들로부터 추가적인 질문을 받거나 함께 의견을 나눌 수도 있다.

"선생님들의 예상과 달리, 학생들은 의외로 온라인 수업에 만족하고 있습니다. 그러니 이제 우리 선생님들만 열심히 하면 되지 않을까요?"

홍 박사는 이 이야기로 강의를 마쳤다. 이야기를 듣고 보니 많은 생각이 든다. 더 원활한 수업을 진행하기 위해서는 쌍방향, 동영상 강의의 장단점을 파악하고, 이를 극대화할 수 있는 방식을 고안해야 할 필요가 있다. 또한 온라인 수업의 질을 높여줄 수 있는 다양한 도구 사용을 염두에 두면서 학생이 자발적으로 참여할 수 있는 방법을 고안해야겠다는 생각이 든다. 어떻게 하면 학생들이 자발적으로 학습하게 할 수 있을까? 이 문제의 해답은 결국 교수님이 어떻게 멍석을 깔아주느냐에 달려 있다. 그야말로 선생님들의 많은 노력이 필요한 시점이다.

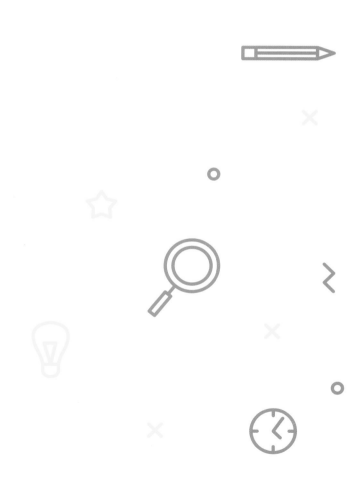

4부
Zoom 수업,
어디까지
가능한가?
상상력에 달렸다

모든 수업이 비대면으로 변경되면서 쌍방향 화상수업을 시작한 이후, 저자를 포함한 많은 교수가 수업을 진행하는 데 어려움을 겪고 있을 것이라는 생각이 든다. Zoom에 익숙해지지 않아 홀로 분투하다 보면 다른 교수님들은 어떻게 수업하는지도 궁금해진다. 그러다 돌연 이런 생각이 머릿속에 떠올랐다.

'내 수업은 강의라 괜찮지만, 직접 활동을 해야 하는 실습, 실기 수업은 어떻게 진행해야 할까?'

실습 수업을 온라인으로 진행한다니···. 그 누군가 생각이나 해봤겠는가? 홍박사는 자신이 직접 겪은 몇 가지 흥미로운 수업 사례를 알려줬다.

인하대 요가 수업:
줌으로 홈 레슨

첫 번째는 김송은 교수님의 인하대학교 교양 강좌 '요가' 수업이다. 예전 같았으면 많은 학생으로 가득차 있어야 할 강의실에 달랑 요가 매트 1개만 놓여 있다. 학생들이 어디 있는지 둘러보다 노트북에 눈이 갔다. 다들 여기 모여 있었군. 각자 집에서 요가 매트를 준비한 채 앉아 있는 28명의 수강생들이 모니터 속에서 손을 흔들고 있다.

"호흡을 하실 때는 제 목소리에만 집중해주세요."

김 교수님은 실제로 눈앞에 학생이 없는데도 자연스럽게 수업을 이끌어간다. 모니터 속의 학생들도 김 교수님의 이야기에 따라 호흡에 신경 쓰며 몸의 움직임에 집중하고 있다. '화상수업으로 학생 개개인에게 신

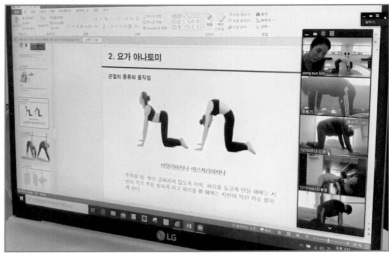

경을 쓸 수 있을까?'하는 의심도 잠시, 김 교수는 매의 눈으로 자세가 정확하지 않은 학생에게 등을 더 말아보라고 이야기한다.

김 교수가 학생들이 자세를 잘하고 있는지 확인하면서 세심한 지시를 내려주니 학생들은 수업에 더욱 몰입하는 모습을 보인다. 수업이 끝난 이후에는 학생 한 명 한 명과 이야기하며 오늘 해봤던 자세에 대한 감상도 듣는다. 너무 몸이 뻣뻣해서 어려웠다고 이야기하는 학생도 있고, 하다

자기에 조금 집중하지 않을까

보니 느는 것 같다는 의견도 있다. 다음 시간에는 이런 방식으로 시도해 보자는 조언을 마지막으로 수업은 마무리됐다.

언뜻 보면 물 흐르듯 매끄럽게 진행되는 수업처럼 보이지만, 이 수업도 다른 수업과 마찬가지로 많은 시행착오를 겪었다. 교수자들은 이제서야 새로운 환경에 익숙해질까 말까인데, 학생들은 이미 수업 방식에 적응 완료했다고 한다. Zoom이 처음인데도 이미 화상수업에 완전히 적응했다고 하니 '역시 디지털 네이티브는 다르구나.'하는 생각이 든다. 학생들에게 감탄이 나올 정도다.

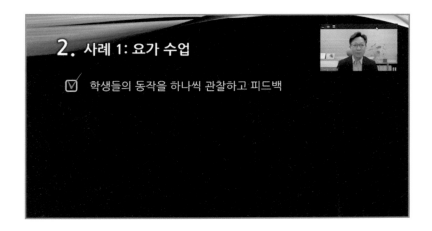

"Zoom의 가장 큰 장점은 장소에 따른 제한이 없다는 거죠. 그다음으로 제가 느낀 장점은 남의 눈치를 보지 않아도 된다는 거예요. 보통 수업에 가보면 학생들이 남의 눈치를 많이 봐요. 요가 시간에 호흡을 하는데 '내 호흡이 이상해서 옆에 친구들이 웃으면 어떻게 하지?' 생각하면서 눈을 감으라고 했는데도 자꾸 눈을 뜨고 옆 친구들을 쳐다보는 학생들이 많아요. 그런데 Zoom 수업은 학생들이 의식할 사람이 없으니 자기에게 좀 더 집중하게 되는 거죠."

처음 Zoom으로 수업을 진행하게 됐을 때 학생들도 교수자 못지않게 걱정이 많았을 것이다. 그런데 막상 수업을 해보니 예상 외로 학생들의 반응이 뜨거웠다. 학생들은 각자 자신의 집에서 수업에 참여하다 보니 남의 눈치를 보지 않고 자신의 동작에 집중하게 된다. 더욱이 교수님에게 1 대 1 코멘트를 듣기 때문에 마치 1 대 1 레슨을 하는 것 같은 느낌도 받을 수 있다. 모두가 함께하는 수업에서는 느낄 수 없었던 새로운 발견이다.

"대한민국의 모든 교육자가 많이 힘들어하고 있는데, 이럴 때일수록 다양한 아이디어를 내야 할 것 같아요."

김 교수님은 화상수업이 지니고 있는 편리함과 활용 가능성을 느껴 이를 적극 활용하고 있다. 이 때문인지 다른 교육 기관에서도 김 교수님을 찾아온다고 했다. 김 교수님이 말한 것처럼 어려운 상황을 이겨내기 위해 상상력을 펼치는 것, 그것이야말로 이 상황에서 교수자가 가져야 할 마음가짐이 아닐까.

서울대 등산 수업:
'함산행'과 '혼산행'을 동시에

4부

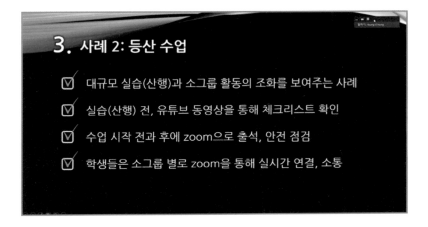

또 다른 사례는 '등산 수업'이다. 서울대학교 교양 강좌인 '산과 인생'은 함께 산을 오르며 자연의 아름다움을 직접 느끼는 수업이다. 그런데 지난 1학기 이미 90명이 넘는 인원이 수강 신청을 한 상태에서 코로나 바이러스 때문에 함께 모여 산에 가는 계획 자체가 불가능해졌다. 이럴 땐 어떻게 해야 할까?

"소회의실 기능을 활용해보면 어떨까요?"

'산과 인생' 수업을 담당하는 김진성 교수님은 고민 끝에 홍 박사를 찾아왔다. 이 수업을 어떻게 진행하면 좋을지 의논한 결과, Zoom의 소회의실 기능이 실마리가 됐다. 수업은 동영상 강의와 화상수업을 적절히 활용한 형태로 진행됐다.

김 교수님은 산행 전 유튜브 동영상을 통해 몇 가지 중요한 체크리스트들을 설명한다. 체크리스트에는 필수적인 물품인 산행 지도와 등산화, 에너지 보충에 필요한 음식, 에너지 보존을 위한 옷, 등산을 위한 도구, 보험에 이르기까지 산행에 필요한 리스트가 상세히 준비돼 있다. 그뿐 아니라 응급 상황에서의 대처법과 페이스를 조절하기 위한 방법도 소개돼 있다. 학생은 이 동영상을 통해 산행을 위한 준비를 숙지한 후에 본격적으로 활동하게 된다. 철저한 체크리스트를 보니 혼자서도 충분히 산행을 할 수 있을 것 같아 안심이 된다.

"저는 지금 탄천에 나와있습니다! 저기 오리가 보이시나요?"

학생들은 산행 장소와 일시, 산행의 전체 일정을 포함한 계획서를 미리 제출한 이후 수업 시간이 되면 자신의 계획에 따라 등산을 하게 된다. 본격적으로 출발하기 전 모든 학생들은 스마트폰으로 Zoom에 접속해 자신의 위치를 보고하면서 출석 체크를 한다. 모두가 참석한 사실을 확인한 김 교수님은 소회의실 기능을 이용해 학생들을 10명씩 짝을 지어준다. 이렇게 한 팀이 된 학생들은 각자의 위치에서 스마트폰을 들고 산행을 하면서, 자신의 카메라를 통해 주변의 풍경을 가리키며 대화를 나눈다. 두 시간 동안의 산행 이후 현재의 위치를 보고하면서 수업이 마무리된다.

"오늘 사이버 강의와 관련해서도 링크가 작동하지 않아 당황했는데 이 상황을 조원들끼리 공유하고 해결하면서 매우 안심이 됐습니다. 비가 오는 와중에 하이킹을 하는 서로를 걱정해주면서 유대감도 느낄 수 있었고요. 이러한 경험을 통해 '함께하는 즐거움'을 더 많이 느껴야겠다는 생각이 하이킹을 하는 내내 머릿속을 맴돌았습니다."

수업이 끝나면 학생들은 산행 인증 사진과 함께 결과 보고서를 제출한다. 학생들의 보고서를 읽어보면 Zoom으로 진행하는 등산 수업의 매력을 느낄 수 있다. 서로 연결돼 있으니 외롭지 않고, 혼자 산행을 하기 때문에 여유를 느낄 수 있다. 여럿이 함께 산행하는 단체 활동의 감각과 혼자 산행하는 개인 활동의 기분을 함께 느낄 수 있는 실로 신기한 경험이 아닐 수 없다. 김 교수님은 이를 두고 '등산의 새로운 패러다임'이라고 이야기하기도 했다.

"개념이 바뀌고, 경험이 바뀌고, 산출물이 바뀌고… 코로나가 교육의 패러다임을 제대로 전환시키네요."

김 교수님이 이야기한 것처럼 이러한 수업을 예상한 사람이 있을까? 제한이 생기니 그 안에서 예측하지 못한 결과가 나타난다. 정말 코로나가 우리를 미처 상상하지 못한 곳으로 데려가고 있다는 점에서는 모두 동의할 수밖에 없을 것이다.

패들릿으로
집단지성 경험

"저는 이런 수업을 하고 있는데요. 이걸 한 번 소개해보고 싶어요."

온라인 수업을 도와주는 도구를 적극적으로 활용하면서 학생에게 서로 의견을 나누는 경험의 즐거움을 선사하는 수업의 예시도 있다. 매주 토요일마다 Zoom으로 진행하는 워크숍에서 광희중학교의 이미영 선생님이 자신이 하고 있는 수업을 소개해줬다. 다용도 활용이 가능해 온라인 칠판처럼 사용되는 패들릿(Padlet)을 적극 활용한 재미있는 활동이었다.

이 선생님은 도덕의 '사회 정의' 단원 수업을 진행하면서 '정의'라는 추상적인 개념을 학생들에게 어떻게 전달해야 할지 고민했다.

"노래와 함께 자기가 생각하는 '정의'를 이야기해보면 훨씬 이해하기 쉽겠지? 이 생각을 서로 자유롭게 공유할 수 있다면 더 좋겠고."

학생들 각자가 자신이 생각하는 '정의'를 잘 표현하는 음악을 추천하고 이를 모아 하나의 플레이리스트로 만드는 아이디어를 떠올린 이 선생님은 패들릿을 수업에 활용하기로 했다. 이 선생님은 공지 사항에 과제를 명확히 명시하고, 작성 방법과 링크 거는 법 등 자세한 매뉴얼을 만들어뒀다. 유튜브에 있는 곡들을 이용해 플레이리스트를 만든다. 노래뿐 아니라 파일, 구글 검색, 사진 등 자유롭게 학생이 외부 자료를 첨부해 글을 올릴 수 있다.

"선생님이 먼저 예를 보여주면 학생들이 편한 마음으로 참여할 수 있을거야!"

이 선생님은 학생들의 참여를 격려하고 응원하기 위해 학교 내의 선생님들에게 '정의'란 무엇이라 생각하는지 물어보고, 활동에 함께 참여해 줄 것을 권했다. 선생님들이 솔선수범해 학생들이 쉽게 참여할 수 있도록 진입장벽을 낮춰준 셈이다.

이 선생님의 철저한 준비 덕분인지 학생들은 헤매지 않고 곧잘 따라왔다. 학생들은 각 반별로 글을 작성해 노래를 추천하고, 자신이 왜 이 곡을 추천했는지 자세히 설명했다. 패들릿에서 링크된 유튜브 영상을 클릭하면 노래를 바로 들을 수 있어 매우 편리하다. 그뿐 아니라 게시글에

서 누군가 토론 주제를 던지면 그 밑에 계속 의견을 적을 수 있어 토론도 가능하다. 학생들은 패들릿을 통해 친구들과 우리 주변에 존재하는 생활 속의 정의와 관련된 이야기를 하며 즐거운 마음으로 한 단원을 마무리했다.

이렇듯 도구를 잘 활용하면 수업이 더욱 풍성해진다. 구글 드라이브(Google Drive)는 문서, 스프레드시트, 프레젠테이션 등 다양한 문서를 공동 작업할 수 있고(Zoom이나 구글 행아웃 미트와 같은 서비스를 통해 진행되는 화상수업 중에 동시에 이런 도구를 함께 곁들이면 환상적인 수업을 경험할 수 있다) 퀴즈게임 어플인 멘티미터(Mentimeter), 소크라티브(Socrative), 카훗(Kahoot)을 이용하면 스마트폰을 이용해 쉽게 퀴즈 게임을 할 수 있고, 간단한 형성 평가도 할 수 있다. 이 도구들은 학생들의 자발적인 참여를 극대화하는 데 매우 유용하다. 이 프로그램을 활용해 수업을 선보일 생각을 하니 가슴이 설렌다.

Unit 04
실버대학의 줌 사용: 97세도 줌한다

열심히 비대면 수업을 준비해야겠다고 생각하다가도 아직도 어렵게만 느껴져 이래저래 고민이 많다. 한편으로는 나같이 나이 든 사람이 어떻게 이런 신기술에 익숙해지겠나 싶은 생각도 든다. 혹시 나와 같은 생각을 하고 있는 사람이 있는가? 그렇다면 이 사례가 그 고정관념을 가볍게 날려줄 것이다.

홍 박사는 실버대학에서도 활발하게 Zoom을 사용한다는 이야기를 듣고 현장을 방문했다. 거실에 모여 앉은 어르신들 몇 분이 열심히 스트레칭을 하고 계신다. 유심히 살펴보니 어르신들은 핸드폰 화면 속 선생님의 동작을 따라하고 계셨다. 이럴수가! 어르신들도 Zoom으로 수업을 듣는다고?

"일주일에 한 번밖에 없는 실버대학 수업이 코로나 상황으로 취소되면서 집에서 너

무 답답하고 할 일이 없었어요. 그런데 이제는 Zoom으로 선생님을 만날 수 있고, 또 선생님들이 우리를 즐겁게 해주기 위해 노력하니 얼마나 고마운지 몰라요."

간단한 작동법만 알게 된다면 어르신들도 충분히 온라인 수업을 활용할 수 있다니…. 교육을 더 멀리, 많은 사람에게 전달할 수 있는 온라인 교육의 가능성은 부정할 수 없다는 생각이 든다.

어르신들의 배움을 향한 열정은 깜짝 놀랄 정도다. 젊은 시절부터 컴퓨터를 마스터한 어르신은 이제는 새로운 걸 배우고 싶다고 하신다. 보통 사람들은 50세만 넘어도 포기하는데, 이 어르신은 플루트를 아흔이 넘은 나이에 배우게 되셨단다. 이 이야기를 듣고 놀라움을 금치 못했다. 배움에 늦은 나이란 없다는 말을 실제로 보여주시는 어르신을 보니 쉽게 포기하려 했던 지난날들이 부끄러워지는 순간이다. 지금 느낀 열정을 잃어버리지 말고 도전해 나가야겠다는 다짐을 해본다. 배우려는 마음에 나이가 무슨 대수랴!

홍 박사가 이야기해준 네 가지 사례는 공통적으로 이러한 방식을 지니고 있다. 이렇게 정리를 하고 보니 마치 좋은 수업을 만드는 비법을 알게 된 것만 같다. 알면 알수록 온라인 수업의 장점은 무궁무진하다. 이 도구를 잘만 활용하면 온라인 세상에서도 충분히 만족스러운 수업을 만들어나갈 수 있겠다는 확신이 생긴다. 다양한 수업을 선보일 생각에 벌써 가슴이 뛴다.

✎ **Note 온라인 실습 수업 TO DO LIST**

❶ 실습 전, 체크리스트는 동영상 강의로 제공하라.
❷ 실습 전, 화상수업으로 출석 체크 및 체크리스트를 점검하라.
❸ 실습 중, 필요시 학생들끼리 Zoom 또는 SNS로 연결되도록 하라.
❹ 실습 후, 화상수업으로 격려 및 평가, 피드백하라.

Class Review
서울대 등산 수업 '산과 인생' 후기 ❶

- 김재용

뉴 노멀 산행 수업

남들보다 조금 늦게 군대에 입대해 2020년 1월 8일에 전역하고 이번 봄 학기에 복학했다. 1월 8일은 우리나라에서 처음으로 코로나19 바이러스 의심 환자(결국 아닌 것으로 드러났지만)가 나타났던 날이니 내가 사회에 나오자마자 코로나 시대가 시작됐다고 할 수 있다. 봄 학기에는 5개의 전공 과목과 함께 2개의 교양 과목을 들었는데, 그중 하나가 바로 이 글에서 소개하려는 '산과 인생' 수업이다. 처음에는 '산과 인생' 수업이 폐강될 줄 알았다. 이 수업이 가진 가장 중요한 특징이 수강생들 모두가 함께하는 산행이었으니까. 하지만 담당 교수님께서는 폐강하지 않고서도 수업에서 목표로 하는 바를 이룰 수 있는 여러 방안을 강구하셨고, 그 결과 우리는 코로나19 바이러스 창궐 이전에 계획했던 것과 달리, 대부분의 산행을 각자 거주하는 지역의 산을 오르는 것으로 대체했다. 안전하고 즐거운 산행을 위해 산행 계획서를 제출하고 산행 시작 전 Zoom을 통해 출석 체크를 한 후 걸은 거리와 위치가 표시되는 모바일 애플리케이션을 통해 산행을 다녀왔음을 인증했다. 나는 고향 친구와 지역의 산에 가기도 했고 서울에 올라가서는 근처에 사는 조원과 단둘이 산행을 하기도 했다.

#줌이나 카톡으로 소통은 더 활발히

처음 보는 두 남자끼리 칼국수를 먹고 산행을 하려니 조금 어색했지만, 시시콜콜한 이야기를 주고받다 보니 산을 내려올 즈음엔 어색한 느낌은 전혀 남아 있지 않았다. 혼자서도 산행해보고, 친한 친구와도 산행해보고, 낯선 학우와도 산행해보면서 산이 가진 다양한 매력을 느낄 수 있었다. 나는 문학을 좋아하는데, 숨이 차오르는 와중에도 산과 자연을 다루는 시들을 떠올리며 마음이 고양되는 것을 느끼기도 했다. 마지막 산행 때는 코로나19 바이러스 확진자가 그리 많지 않아 조별 산행을 진행할 수 있었는데, 처음 만난 사람들인데도 분위기가 아주 좋았다. 아마 Zoom이나 카카오톡을 통해서라도 계속 소통했기 때문이 아닐까?

코로나19 바이러스가 영원히 인류와 함께할 것이라는 암울한 예측이 지배적인 가운데, 우리는 절망하지 않고 새로운 삶의 방식을 채택해 살아가고 있다. 세상이 역병으로 혼란스러운 와중에도 산에 꽃은 핀다. 이 수업을 통해 산과 자연물을 몸으로 체험하면서 코로나19 바이러스가 경고하는 생태적 위기에 대해서도 깊게 생각해볼 수 있는 계기가 됐다.

'산과 인생' 후기 ❷

- 이민예

코로나 시대와 ZOOM 수업 '산과 인생'을 중심으로

올해 2월, 갈수록 전공들로 채워지는 시간표에 다른 학과 학생들도 많이 만나보는 기회를 가질 겸, 건강한 한 학기를 보낼 겸 '산과 인생' 수업 수강 신청에 어렵게 성공했다. 어려서부터 부모님을 따라 등산을 자주 다녔기 때문에 이 수업에서 요구하는 체력은 이미 어느 정도 갖추고 있었다고 생각했다. 오랜만에 갈 등산에 부푼 기대를 안고 있었지만, 갑자기 코로나19 사태로 계획에 많은 차질이 생겼다. 처음 개강이 2주 연기되었을 때는 등산 수업 자체가 불가능할 것이라 생각했다. 수강생들이 함께 등산하는 수업은 모임 자체가 금지된 시기에 절대 정상적으로 진행될 수 없을 것이라 생각했기 때문이다. 그런데 교수님께서 코로나 시대에 적응하기 위해 Zoom을 이용해 산행을 하자고 하셨고, 그렇게 수업이 어렵게나마 시작됐다.

#우리친해질수있겠조

첫 번째 산행은 조원들과 함께 떠나는 하이킹으로 대체됐다. 수업이 비대면으로 진행된 터라 아직 조원들과는 어색했지만, 우리 조(6조, 조 이름은 '우리친해질수있겠조')는 카카오톡의 '투표' 기능을 이용해 하이킹할 장소를 한강변으로 정했고, 마침 우리 조에 달리기를 사랑하는 조원이 있어 그 조원의 주도하에 코스를 짰다. 우리는 여의나루역에서 출발해 노들섬을 거쳐 동작대교를 찍고 다시 노들섬으로 돌아오기로 했다. 교수님들과는 수업 시작인 13시, 끝나는 시간인 16시에 한 번씩 줌을 켜서 출석 체크 및 간단한 안부 확인을 하기로 했다. 그래도 줌을 통해 얼굴을 보며 대화를 한 터라 직접 만났을 때 좀 덜 어색했던 것 같다. 카카오톡으로는 모임 장소 시간 등을 정하고, 줌을 통해 아이스 브레이킹을 한 셈이다.

첫 번째 산행 이후로는 조원들과 꽤 친해졌다. 운동과 사람을 좋아하는 사람들끼리 모이니 친해지는 것은 시간 문제였다. 6조 단체 카톡방에서 농담까지 주고받게 된 우리는 곧 두 번째 산행을 떠났다.

#함께

코로나 사태로 인해 사회적 거리 두기가 장기화되면서 두 번째 산행도 비대면으로 진행됐다. 단체 산행을 조별 산행으로 대체했는데, 공교롭게도 우리를 포함한 몇몇 조가 삼성산으로 가기로 결정했다. 교수님들께서도 삼성산으로 가시기로 하셨기에 우리는 다 같이 등산하되, 1미터 이상 떨어져서 이동하기로 했다.

드디어 내가 기대하던 산과 인생 등산을 할 수 있다는 생각에 정말 설렜다. 마지막으로 등산했을 때 느낀 산에서의 맑은 공기와 풀 냄새를 떠올리며 등산할 준비를 했다. 몇 년 만에 등산화를 꺼내 신고, 새로 마련한 등산바지를 입었더니 당장이라도 산에 달려가고만 싶었다. 조원들을 위한 비상 약품과 식량도 챙겨됐다. 교수님과 함께 등산할 다른 조를 모임 장소에서 만난 후 우리는 간단한 준비 운동을 하고 안내 사항을 들은 후 등산을 시작했다.

익숙한 학교 건물이 보이자, 서서히 나는 위를 쳐다보기 시작했고, 내가 학교에 4개월 만에 왔다는 사실을 자각하며 학교의 뒷모습을 실컷 구경했다. 우리 조원 중 20학번 두 명이 OT 이후 처음으로 학교 근처에 오는 거라는 말을 듣고 새내기들이 안타깝게 느껴졌다. 다른 조원과 함께 새내기들의 풋풋한 질문에 대답해주며 함께 올라갔다. 싱그러운 풀 냄새와 새들이 지저귀는 소리가 한데 어우러져 내가 산에 왔다는 것이 피부로 느껴졌다.

#따로

우리의 출발은 순조로웠지만, 중반부터 힘에 부치기 시작했다. 갑자기 숨이 차기 시작했고, 어지러워지기까지 했다. 몇 초를 주기로 계속 눈앞이 깜깜해지기에 더 버텼다가는 안전사고가 날 것 같다고 판단해 나는 교수님께 실례를 무릅쓰고 쉬고 싶다고 말씀드렸고, 결국 조원들과 함께 근처 쉼터의 돌에 앉아 숨을 고르게 되었다.

조금 숨을 고르면 괜찮아질 것이라 생각했다. 다른 건 몰라도 건강만은 자신 있었고, 중학교 때부터 비교적 최근에까지 꾸준히 가족들과 함께 산에 올랐기에 큰 문제는 아닐 것이라 생각했다. 이는 완벽한 오산이었다. 가만히 있는데도 심장이 더 빨리 뛰었다. 내 심장이 뛰는 소리가 귀에 너무 크게 들려 머리까지 아픈데다 구토를 하기 직전처럼 신 침이 입에서 돌며 당장 눕고 싶다는 생각밖에 들지 않았다. 코로나19 사태 이후 사회적 거리두기 지침에 따라 헬스장에도 나가지 못해 체력이 많이 안 좋아진 것 같았다.

교수님께서 3분 후 출발한다고 말씀하셨을 때 나는 시간이 더 필요할 것 같아 부조장에게 나머지 조원을 인솔해 다녀와 달라고 부탁했다. 이 말을 옆에서 듣던 조원들은 내가 괜찮아질 때까지 함께 기다려주겠다고 했지만, 10분 이내 진정될 것 같지 않아 그냥 나는 여기에 두고 안전하게 산행 다녀오라고 몇 번이고 부탁했다. 나는 못 가더라도 다른 조원들은 목표한 대로 산행을 마쳐야 했다. 조장이 조원들에게 피해를 줄 순 없었다. 그렇게 '따로 산행'이 시작됐다. 바위에 걸터앉은 나는 그렇게 약 40분간 있었다. 속도 안 좋고 머리도 아팠다. 무엇보다 심장이 빨리 뛰는 게 걱정됐다.

#우리는 하나

조원들은 그렇게 보냈지만, 길치인 내가 어떻게 하산해야 하나 걱정하다 결국 나를 데리러온 부조장을 발견했다. 부조장에게도 너무 미안해 0.75km 더 가면 장군봉이 있다는 푯말을 보고 장군

봉에라도 올라가자고 이야기했다. 역시나 오르다가 다시 호흡이 가빠지기 시작해서 결국 하산해 조원들을 기다리기로 했다. 자괴감에 어쩔 줄 모르는 나에게 부조장은 계속 위로의 말을 건넸고, 내가 겨우 웃음을 되찾을 때쯤 조원들과 만났다.

조원들에게 뭐라 할 말이 없어 연신 미안하다고 말했는데, 조원들은 "괜찮아, 우린 하나니까!"라고 계속 외쳤다. 조금 오글거리는 듯 쑥스럽게 웃었지만, 나는 그렇게 말해주는 조원들이 너무 고마웠다. 이렇게 말해주는 조원들에게 오히려 내가 너무 벽을 둔 건 아닌가 싶어 조금은 무안해지기도 했다. 비록 실제로 만난 건 두 번째였지만, 조원들이 내게 마음을 많이 써줘서 정말 고마웠다. 카카오톡으로만 대화했다면 일반적인 '팀플'에서처럼 조원들과 공적인 관계만 형성했을 테지만, 얼굴을 보며 소통할 수 있는 줌을 활용했기에 실제로 만난 건 두 번째였음에도 조원들과 비교적 깊은 유대감을 형성한 게 아닐까 싶었다.

비대면으로 수업이 전환돼 운동도 못하고 새로운 친구들을 많이 사귀지 못할 것이라 생각했지만, 의외로 줌을 이용해서인지 등산도, 돈독한 관계 형성도 가능했던 시간이었다.

5부
학생들이
좋아하는
찐 줌 수업:
수업 유형별
성공적인
수업 운영 기법들

줌의 상상 세계가 무궁무진하다는 것을 알았으므로 이제 내 강의에 어떻게 적용할 것인지 하나씩 정리해야겠다는 생각이 들었다. 내 강의는 강의형, 토론형, 실습형 세 가지 유형으로 이뤄진다. 지식과 이론 중심의 강의형 수업, 몇 가지 이슈에 대해 학생들과 함께 또는 학생들끼리 진행하는 토론형 수업, 배운 내용을 실제 상황에 적용할 수 있도록 연습시켜 학습 전이(learning transfer)를 촉진시키는 실습형 수업 등이다. 수업 유형별로 성공적인 수업 운영 방안에 대한 홍 박사의 강의를 들어보자.

강의형 수업 유형: 오디오, 손글씨, 대화, 밑줄, 판서, 파포 애니 활용

홍 박사의 강의가 매력적인 이유는 워크숍에서 소개해주는 다양하고 실제적인 좋은 사례들도 따라 하기 좋았지만, 무엇보다 홍 박사의 줌 워크숍의 진행하는 모습 자체가 하나의 멋진 모델이 되었기 때문이다.

학생 한 명 한 명 배려하는 모습도 좋았지만, 단 한 명의 학생도 끝까지 놓치지 않겠다는 자세와 그걸 몸소 실천하는 모습을 고스란히 교수 워크숍에서 보여주고 있었다.

"지금 40명 정도 참가하셨네요. 그런데 제 목소리를 지금 듣지 못하는 두 분의 교수님이 계시네요. 이선화 교수님, 이성수 교수님. 다른 교수님들은 참가자 목록 화면에 보면 마이크 모양이 보이는데, 이 두 분은 마이크가 안 보이죠? 오디오 연결을 해야 합니다. 그런데 이 두 분은 제 목소리를 들을 수 없으니, 말로 해도 소용없고, 채팅창에 메시지를 입력해서 알려드려야 할 것 같네요. 그런데 두 분이 왕초보라면

채팅창 메시지도 볼 수 없을지도 모릅니다. 그래서 제가 주석을 작성해 직접 손글씨로 메시지를 전달해보겠습니다. 잘 보세요."

🤓 "이성수 교수님과 이선화 교수님, 두 분은 화면 아래의 왼쪽 끝에 [오디오 연결] 버튼을 누르고 [컴퓨터 오디오로 참가하기]를 선택해주세요."

홍 박사는 줌 화면 속에서 클릭해야 할 위치를 직접 손가락으로 가리키면서, 또 한편으로는 화면 위에 주석으로 글씨를 써가면서 설명을 해주었다. 마치 가상현실(VR) 속에 들어와 있는 것 같았다. 두 교수님들이 아무리 초보자라 해도 이렇게까지 하는 데 따라 하지 못할 수는 없었을 것이다. 아니나 다를까 홍 박사의 설명이 끝나자 두 분은 바로 오디오를 연결해 큰 목소리로 인사를 나눴다.

홍 박사는 워크숍을 진행하면서 교수 한 명을 초대해 대화식으로 강의를 진행했다. 이렇게 하는 이유를 다음과 같이 설명했다.

🤓 "저는 혼자서 이야기하는 것도 좋지만 그러면 동영상 강의와 똑같아서 한 분씩 돌아가면서 대화식으로 해요. 제가 어제 강의를 녹화한 거 하나 보여드릴까요? 제가

강의하는 스타일이 이렇습니다. 이렇게 띄워놓고 대화를 하기도 하고요.

어떨 때는 학생끼리 대화를 시키기도 합니다.

요렇게 둘이 말을 시키다가 중간에 제가 개입하는 식으로도 진행하고요.

그리고 지금 이 장면은 제가 화면을 공유했지만, 학생이 말을 하면서 밑줄을 학생이 그어가면서 말하는 거예요.

학생이 밑줄 그은 거 보이시죠? 이렇게 진행하기도 합니다. 그래서 저는 줌으로 강의할 때 제가 말하는 게 반, 학생이 말하는 게 반 이런 식으로 하는 거 같아요.

가끔은 아예 판서를 하면서 설명하기도 하고요.

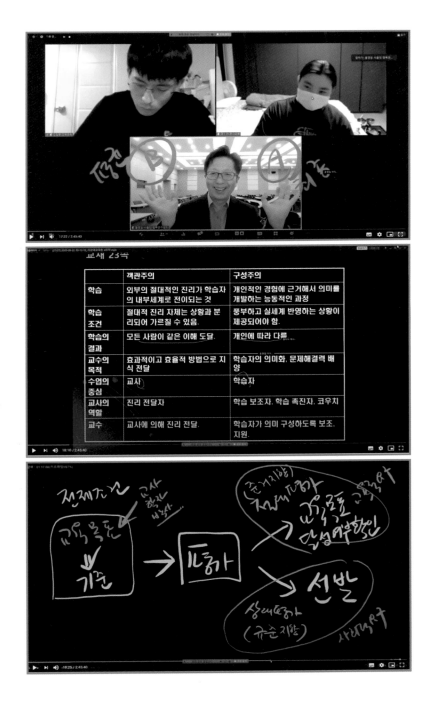

또는 제 화면을 띄워놓고 공중에 글씨를 쓰기도 해요.

5부 · 학생들이 좋아하는 찐 줌 수업: 수업 유형별 성공적인 수업 운영 기법들

Unit 02

홍 박사가 알려주는
'살아 있는' 소통 기법들

어제 거의 2시간 가까이 수업을 했는데, 학생들이 줌으로 하는 수업을 좋아해요. 그런데 교수님 수업을 듣는데도 학생들끼리 1 대 1 대화를 하니까 마치 TV의 〈라디오스타〉를 보는 듯한 느낌 또는 열린 라디오를 유튜브에서 보는 거 같은 느낌이 들면서 함께 참여하는 느낌을 받아요. 그리고 채팅으로 학생들이 답변하잖아요. 다시 한번 살짝 보여드릴게요. 제가 학생들과 목소리로 1 대 1로 대화하는 것도 있지만, 저는 말을 하고 있고 채팅이 계속 올라오는 거죠. 제가 [채팅] 버튼을 누르면 오른쪽에 채팅창이 뜨겠죠?

그런 식으로 할 수도 있고요. 그래서 줌으로 수업할 때는 쉴 새 없이 소통하면서 수업을 합니다.

소통 수업이 최고다

제 워크숍은 줌의 기능을 설명드리면서 제가 수업하는 스타일을 모델링, 시연한다는 개념으로 진행하기 때문에 제가 한 분 모셔볼게요. 어느 분과 시작해볼까요? 이정관 교수님?

🧑 "네, 이정관입니다."

🧑 "네, 안녕하세요. 교수님. 추임새만 넣어주시면 돼요. 제가 질문하면 답변해주셔도 되고, 제가 질문 안 해도 우와, 아하! 이런 식으로 알아서 해주세요. 그럼 시작해보겠습니다. 시작하기 전에 잠깐 대화 좀 해볼까요? 교수님 전공이 어떻게 되세요?"

🧑 "저는 응용생물과학과입니다."

🧑 "응용생물공학 그거는 공대예요?"

🧑 "생명자원과학대학입니다."

🧑 "아, 생명자원과학대학 소속! 줌으로 수업하세요?"

🧑 "네, 대학원 수업 하나 하고 있습니다."

🧑 "네. 줌으로?"

🧑 "네."

🧑 "그럼 어떠세요? 학생들도 좋아하고, 교수님 만족도도 높으세요?"

🧑 "아무래도 대면 수업보다 소통하는 데 어려움을 겪고 있습니다."

😎 "방금 제가 보여드린 샘플, 어제 제가 수업했던 거 그런 식으로 하면 될 거 같긴 한데. 학생들이 오프라인보다 더 좋다고 하더라고요. 오프라인은 발표하는 애들만 하고 나머지는 죽어라 필기만 하고 이런 식인데 이거는 뭐 쉴 새 없이 소통을 하니까. 동시다발적으로. 이렇게는 안 해 보셨죠, 아직."

🙂 "네, 아직 안 해봤습니다."

😎 "사실 제 수업은 교육학이라서 이게 수월한 편인데 교수님 수업은 약간…. 정답이 있는 기계적인 지식 전달이 되게 많을 거 같은 예감이 드는데."

🙂 "그렇죠. 아무래도 지식 전달을 하려다 보니까 제가 해야 할 부분들이 많아지고 집중도도 떨어지는 거 같고…."

😎 "맞아요. 이럴 때는 제가 준비한 일곱 가지 디테일 중 '채팅창만 잘 쓸 줄 알아도 줌 200% 활용할 수 있다' 부분부터 설명드릴게요."

채팅창만 잘 써도 줌 200% 활용 효과

😎 "채팅은 음성 못지않은 기본적인 소통 창구이고, 10대, 20대는 채팅창이 음성보다 더 친숙해요. 교수님들이 질문할 때 학생들이 잘 답변을 안 하는데, "채팅창으로 답해주세요."라고 하면 더 많이 응답하고요. 심리적으로 아주 편안하고 교수님하고 교감이 성공적으로 이뤄지면 그다음부터는 채팅창이 불이 납니다. 그리고 특히 간단한 퀴즈를 활용하시면 좋은데요. 예를 들어, "퀴즈를 내고 채팅창에 정답을 올리

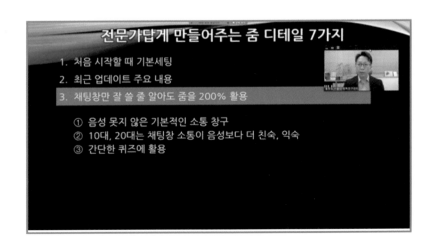

세요. 이렇게 하는 거죠. 제가 시범을 보여볼게요. 지금 교수님들 채팅창을 한번 열어보세요. 이정관 교수님도 여시고…. 화면이 헷갈리실 테니까 이렇게 해서 열어놓고 제 화면 공유를 잠깐 중지할게요. 화면 안의 [채팅]을 누르시고…. 오른쪽에 채팅창 열리셨죠? 그럼 이제 퀴즈 나갑니다. 맞혀보세요. 아재개그를 해볼게요. 제가 엊그저께 부산대에서 강의하면서 했던 건데 많이 못 맞히시더라고요. 수학 문젠데요. 정사각형 다들 아시죠? 정사각형 동생이 있다는 거 아셨어요? 정사각형 동생의 이름은 무엇일까요? 채팅창에 올려주세요. 다섯을 세겠습니다. 5-4-3-2-1 땡."

"확실히 아침이라 그런지 동아대 교수님들이 탁월하시네요. '정사각', 정답입니다. 정사각형이니까 당연히 동생 이름은 정사각인 거죠. 잘하셨습니다. 이현정 교수님은 정삼각? 아니에요 정사각. 이런 식으로 채팅창을 활용하는 겁니다."

"이정관 교수님께서는 파워포인트를 띄워놓고 강의하실 거잖아요. 그러면 한 15분이나 20분즘 됐을 때 학생들이 잘 듣고 있는지 의심스럽다면 "여러분, 이쯤에서 깜짝 퀴즈 나갑니다. 채팅창 여세요."라고 말하면서 퀴즈를 내세요. 내 강의를 들은 학생만 맞출 수 있는 퀴즈를 내면 됩니다. 다른 학생들이 정답을 보고 따라 하면 안 되니까 비공개로 올리게 하는 겁니다. 여기에 채팅창 메시지 넣는데, 여기를 누르면 모두에게 보낼 수도 있고요. 받는 사람을 지정할 수도 있어요. […](더 보기) 버튼을 누르고 '호스트'만을 체크하면 메시지를 통제할 수 있어요. 이 기능은 호스트에게만 있어요. 공동 호스트도 할 수 있나? 제가 이정관 교수님께 공동 호스트를

드려볼게요. […](더 보기) 버튼을 눌러 공동 호스트 만들기…. 이정관 교수님, 옆에 […](더 보기) 버튼을 눌러보세요. '없음', '호스트만' 이런 거 보이세요?"

 "예."

 "이 상태가 되면 학생들이 저한테만 메시지를 보낼 수 있기 때문에 정답을 저만 받을 수 있고, 다른 학생은 볼 수 없는 겁니다. 이 상태로 퀴즈를 내면 채팅창에 기록이 다 남잖아요. 그대로 점수를 주는 거예요. 두 번째 퀴즈 나갑니다. 두 번째 아재 개그. 옷장 안에 불이 붙었어요. 다섯 글자로 뭐라 할까요? 채팅창에 올려주세요. 카운트다운할게요. 5-4-3-2-1. 이선아 교수님은 제가 공동 호스트로 지정해드렸기 때문에 공개로 올라온 거고 다른 참가자 교수님들은 저한테만 비공개로 올라와요. 제가 화면 공유해서 보여드릴게요. 이게 제 채팅창인데요. '비공개, 비공개, 비공개, 옷장에 불남, 쉬운 걸로 부탁해요, 모르겠어요, 너무 어려워요.' 이렇게 떠 있죠? 정답은 '장 안에 화재'입니다. 이정관 교수님 어때요? 이거 되게 괜찮은 꿀팁이죠? 학생들에게 ppt에 있는 질문을 해서 학생들을 얼어붙게 만드세요. 팁을 드릴게요. 이걸 한 주에 1번 또는 2번만 하세요. 자주 할 것처럼 분위기를 잡아놓고 한두 번만 하시면 돼요. 학생들은 엉덩이를 못 떼요. 예측 불가능성이 중요합니다. 이걸 규칙적으로 하면 안 돼요. 그리고 뭐가 중요하냐면, 점수는 한 번에 0.1점씩 주세요. 이게 왜 0.1점이냐면 열 번을 해도 1점밖에 안 되잖아요. 그래서 학생들이 목숨을 걸고 하진 않아요. 0.2점을 해도 되고 1점을 하셔도 돼요. 참여도 점수를 10%로 정해 놓으면 이 10%를

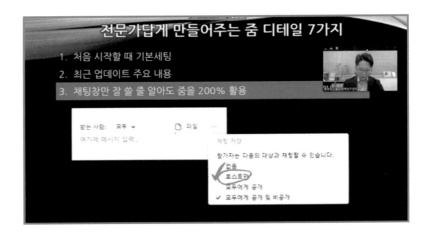

갖고 학생들의 태도를 완전히 붙잡을 수 있습니다. 괜찮죠?"

화면 공유 기능 요리하기

"지금 류미안 교수님이 "호스트의 공유 화면에 떠 있는 채팅방을 학생들에게 안 보이게 할 수도 있나요? 비공개 메시지인데 참여자에게 다 보여서요."라고 질문하셨네요.

지금 저에게 올라온 이 메시지가 보이니까 지금 저는 화면 공유 중이에요. 이 화면 공유를 누르면 바탕화면이잖아요. 이렇게 제가 파워포인트만 공유하는 방법이 있고, 저는 제 바탕 화면을 전부 공유하고 있기 때문에 제 노트북 화면이 그대로 보이는 거예요. 제가 화면 공유를 중지하면, 이제는 안 보이시죠? 저한테 올라온 비공개 메시지는 다른 사람들한테는 안 보이는 겁니다. 류미향 교수님 이해되시죠? 제가 화면 공유해드린 건 이해를 도와드리려고 보여드린 거지, 실제로는 학생들에게 안 보이는 거예요."

"ppt만 공유하면 안 보인다는 말씀이시죠?"

"네. 그럼 ppt만 공유되죠. ppt만 공유할 때 한 가지 유념하실 게 있는데요. ppt 안에 링크가 있어요 가끔 유튜브, 인터넷을 띄우는 거죠. 이렇게 인터넷, 다른 윈도우를 띄우잖아요. 그런데 저는 ppt만 공유했기 때문에 링크를 클릭해 다른 창이 뜨면 그거는 학생들에게 안 보여요. 나는 ppt만 공유하고 있기 때문에…. 그래서 어떻게 하느냐면, 제가 다른 창을 띄우면 다시 '화면 공유'를 눌러 그걸 지정해주셔야 학

생들에게 보입니다. 이걸 모르셔서 처음에 시행착오를 많이 하십니다. 그거를 알고 계시면 ppt 공유했다가 유튜브 공유했다가, 이렇게 바꾸면 돼요. 이런 식으로 선택해서 공유하면 그것을 학생들에게 보여줄 수 있습니다."

주석 작성 기능

"제가 워크숍을 하면서 초등학교 3학년에게 배운 게 있어요. 글씨를 쓰면 이 글씨를 누가 쓰는지 뜨죠. 홍영일 아이패드라고 뜨죠? 교수님들도 한번 해보시겠어요? 제 얼굴을 꾸며주세요. 주석 작성으로 제 얼굴을 꾸며보실까요?

김가은 교수님 머리에 코로나 왕관, 왜 하필 코로나? 코로나19 때문에 스트레스인데. 어 날개? 이거 누가 작성하는지 이름이 다 보이잖아요. 이걸 어떻게 보이게 하는지 많은 분이 모르세요. 이거 혹시 아시는 분? 케이트 교수님, 최고은 교수님! 주석 작성은 화면 위에 있는 [옵션 보기]를 누르시면 [주석 작성]이라는 메뉴가 생겨요. [주석 작성]을 누르시면 이런 툴바가 생기죠? 이걸 이용하시면 돼요. 최고은 교수님, 찾으셨어요? PC 버전은 화면 위에 있는 [옵션 보기]-[주석 작성]을 누르시면 됩니다.

내가 보는 화면이 저장되는 신기한 주석 툴바

🧑 "또 하나 알려드릴게요. 이쪽에 있는 [저장] 버튼을 눌러보시겠어요? PC 버전에서 이 [저장] 버튼을 누르면 내가 보는 화면이 이미지 파일로 저장됩니다. 어디에 저장되는지는 나중에 알려드릴게요."

🧑 "스마트폰에서는 주석을 어떻게 작성할까요? 화면 왼쪽 아래의 연필 모양을 누르면 주석을 쓸 수 있어요. 스마트폰 손가락 또는 펜으로 글씨를 쓸 수 있습니다. 학생들이 주석을 많이 활용하게 하세요. 그러면 정말 새로운 경험을 하시게 됩니다. 이걸 지우기 전에 한번 살펴볼까요? 어때요, 제 얼굴 윤곽이 보이나요? 싹 지울게요. 파일 탐색기에서 내 문서로 들어간 후 마이 다큐먼트. 문서를 열면 '줌' 아래에 '스크린샷'이라고 저장돼 있어요.

이 스크린샷을 열어보면 화면이 이미지 파일로 저장된 걸 확인할 수 있습니다. 이렇게 저장하면 돼요. 이 폴더에는 채팅 텍스트 파일도 자동으로 저장되고 있고요. 녹화된 영상도 여기에 다 저장되는 겁니다."

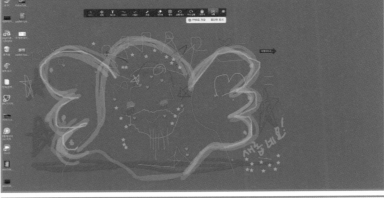

화이트보드

"주석 도구를 학생들에게 참여시키는 요령을 알려드리겠습니다. 이번에는 화이트보드로 해볼게요. 제가 재미있는 거 하나 보여드릴게요. x-y축을 그려볼게요. x축은 확진자 수, y축은 확찐자 수입니다. 이정관 교수님, 확진자 수와 확찐자 수의 상관관계를 그래프로 한번 그려보세요. 직선으로 그리셨네요."

"왜 직선인가요? 교수님의 가설은 무엇인가요?"

"확진자 수가 늘어나면 사람들이 더 많은 걱정을 하게 되고, 사회적 거리 두기가 확대되기 때문에 확찐자 수도 증가하지 않을까요?"

"그렇죠. 집콕으로 운동량이 줄어들어서 먹는 건 많고 칼로리 소모는 줄어들어서 모두 살로 갈 것이다. 제가 이걸 어디서 해봤더니 전혀 다른 그래프들이 막 나오

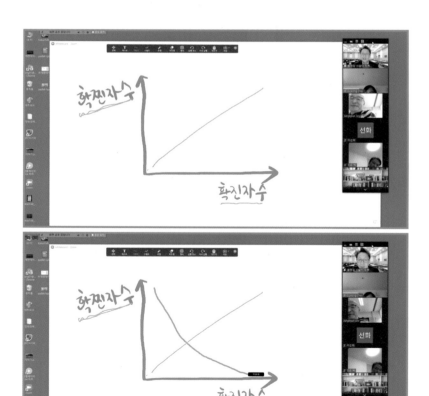

더라고요. 그런데 그 설득력이 뛰어나요. 다른 교수님도 해보실까요? 각자 생각하는 상관관계 그래프를 각자의 가설로 한번 해보세요. 이승희 교수님이 하나 그리셨군요. 이승희 교수님 마이크 한번 열어보실래요? 이승희 교수님은 어떤 가설이세요?

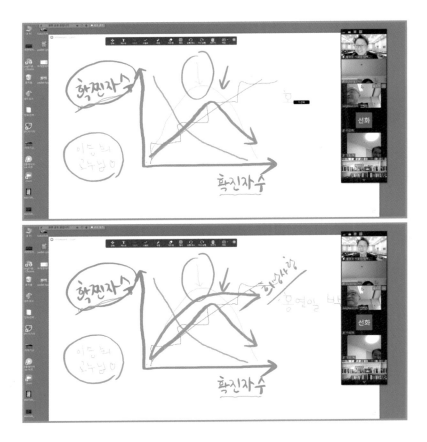 "확진자 수는 '집에 있는 사람이 많다.'라는 거고요. 저는 접촉 빈도가 줄어들 테니 확찐자가 줄어들지 않을까요?"

"맞아요. 저는 이 가설이 되게 참신했어요. 인과관계를 뒤집어놓은 거예요. 이정관 교수님은 코로나 확진자 수를 원인으로 놓고, 그 결과로 '사람들이 살이 찔 거다.'라고 생각하신 거고, 이승희 교수님은 확찐자 수를 원인으로 놓고, '사람들이 살이 찌면 집 밖으로 안 나갈 거다. 그렇게 사회적 거리가 유지될 것이고 그러면 코로나 확진자 수가 점점 감소할 것이다.'라고 생각하신 거죠. 그러니까 그래프가 바뀌는

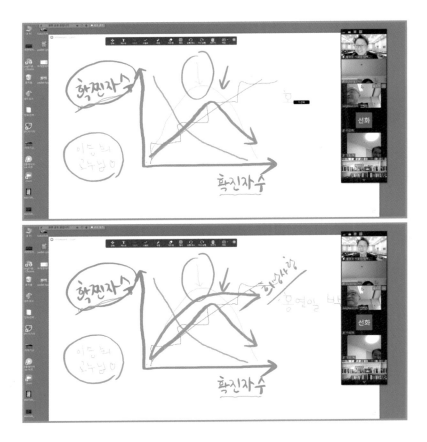

거예요. 그래서 2개를 섞으면 새로운 가설이 나오는데, '처음에 확진자 수가 많아져 사회적 거리 두기가 강화되면 점점 확진자가 늘어나다가 사람들이 집에서 안 나오니까 다시 코로나 확진자 수가 줄어들 것이다.' 이런 그래프가 나오지 않을까요?

이렇게 학생들과 함께 대화를 나눠볼 수 있습니다. 누가 옆에 이승희 교수님이라고 알려줬네요. 이렇게 주석이 작성되면 학생들하고 제가 대화를 하잖아요. 그리고 어떤 학생은 이렇게 그렸더라고요. 너는 "왜 그렇게 그렸니."라고 물었더니 글씨로 '희망사항'이라고 쓰는 거예요.

다른 학생들이 빵 터졌어요 말하기가 좀 쑥스러운 학생들은 글씨로 이야기하는 거죠. 그런데 저는 이걸 몰랐어요. 주석 작성자의 이름이 표시되는 기능을 몰랐는데, 초등학교 3학년 담임 선생님이 알려주시면서, "우리 반 3학년 아이가 알려줬어요."라고

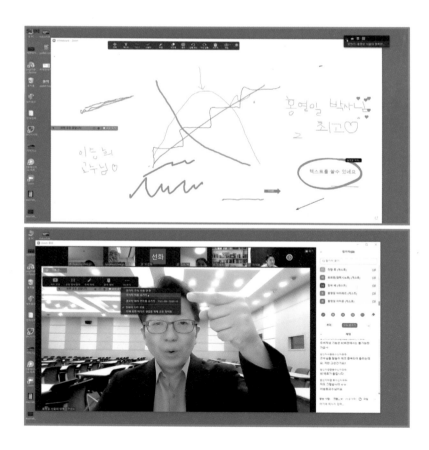

말씀하시더군요. 어떻게 하는 건가 했더니 이렇게 하더라고요. 여기 […](더 보기) 버튼을 누르면 주석자 이름 숨기기 이름 표시가 있어요. 이름 숨기기를 하면 안 나와요. 그런데 다시 이름 표시를 체크하면 이제 주석자 이름이 나와요. 이제 주석자 이름이 옆에 이렇게 뜨게 됩니다. 이렇게 간단한 메뉴가 있었다는 걸 몰랐던 거죠. 써 보질 않았으니까. 그런데 초등학교 3학년은 이거 저거 눌러보면서 모든 기능을 파악하는 거죠. 대학생들도 마찬가지예요. 그래서 '교수님들은 항상 뭔가 궁금한 게 있거나 모르는 게 있으면 당당하게 학생들에게 물어보셔도 된다.' 라고 말씀드릴 수 있겠습니다. 텍스트도 쓸 수 있습니다. 그러면 화이트보드는 멈추겠습니다.

아, 못 보셨겠구나. 다시 설명드릴게요. 주석자 이름 숨기기에 체크 표시를 하면 주석을 써도 이름이 안 나타나요.

그러면 누가 쓰는 건지 알 수가 없어요. […](더 보기) 버튼을 누르고 '주석자 이름 표시'에 다시 체크 표시를 해주면 이제부터는 나올 겁니다. 그래서 화면 공유한 사람들만 보이는 겁니다. 화면 공유에 대한 몇 가지 팁을 더 알려드릴게요.

업데이트 후 어떤 기능이 변화가 생겼는지 보여드리겠습니다. 제 화면을 그대로 공유하면서 설명드리겠습니다.

갤러리 보기

"[갤러리 보기]를 보여드릴게요. 비디오를 위치를 바꿀 수 있어요. 이게 원래 안 됐거든요. 하승태 교수님을 제 밑으로 옮겨볼게요.

보이세요? 이게 가능해요. 되게 신기하죠? 이렇게 한 후 오른쪽에 있는 [보기]를 누르고 '호스트 비디오 순서 따르기'에 체크 표시를 해볼게요. 체크 표시를 하면 화면 공유를 중지했을 때 교수님들도 이 화면과 똑같이 보이는지 확인해주세요.

어때요? 여전히 제 비디오 썸네일이 가운데 있나요? 제가 배열한 대로 학생들이

똑같이 보게 만드는 거예요. '비디오 순서 다시 설정'을 누르면 원상태로 돌아갑니다. 기본값은 본인이 항상 두 번째에 와요. 본인이 이 자리에 옵니다.

제가 화면 공유를 중지할게요. 제가 동그라미친 자리에 본인이 있는지 확인해보세요. 공유를 중지할게요. 어떤가요? 상단에서 두 번째가 각자 본인의 모습이죠? 이게 기본값인데, 다시 제 것을 가운데로 옮겨와서 '호스트 비디오 순서 따르기'를 하면, 제가 가운데로 옮겨오니까 바뀌었나요? 제 얼굴이 가운데로 왔나요? 제 얼굴이 어디에 보이죠? 가운데로 왔죠? 제가 조정하는 대로 가는 거죠. 이승희 교수님을 왼쪽, 최승희 교수님을 오른쪽에 놓겠습니다.

교수님들에게도 똑같이 보이나요? 네. 이게 새로 생긴 기능입니다. 많은 교수님이 비디오 배열을 마음대로 할 수 있는지에 대해 궁금해하시는데 기존에는 불가능했지만 업데이트되면서 가능해졌습니다. '추천 비디오'가 '모두에게 추천'으로…. 자, 이 상태에서 박정희 교수님을 […](더 보기) 버튼을 누르고 [추천 추가]를 누릅니다. 추천 추가가 뭐냐면 제 옆에 모신 거죠. 저 한번 쳐다보실까요?

그럼 제가 하는 대로 다 되더라고요. 즉, 수업 때처럼 대담을 나누는 학생들을 이렇게 배치하는 거예요. 다른 학생들은 이렇게 보는 것이고요.

그리고 한 번에 모든 추천을 취소할 수도 있고요. '모든 추천 취소'를 선택하면 말하는 사람의 얼굴이 뜨죠."

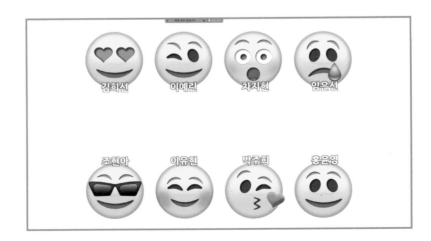

줌과 더 친해질 수 있는 화면 공유 기능

"이번에는 '화면 공유' 기능에 대해 설명드릴게요. 화면 공유를 할 줄 알면 줌과 더 친해집니다. 학생들의 이름을 미리 화면에 띄워놓으세요. 특히 ppt 템플릿을 미리 만들어놓는 게 좋습니다.

다음과 같이 이모티콘을 쓰셔도 됩니다. 예를 들어보겠습니다.

"희선이는 여름방학에 코로나 때문에 여행을 다녀왔니? 다녀온 거 이야기해볼까?" 그 다음 희선이가 "유현아 너는 뭐하고 지냈니."처럼 릴레이식으로 진행하는 것입니다. 그러면 누가 말했고, 누가 말하지 않았는지 체크되니까 비주얼라이즈가 되죠. 이 기능은 갤러리 보기에서 비디오 썸네일이 통제되지 않는다는 것을 대신할 수 있다고 설명하기 위해 만들어놓은 것입니다. 그런데 이게 필요가 없어졌어요. 물론 해도 좋죠. 여전히 유효하지만….

주석 작성을 공유된 화면에 동시에 할 수 있고요. 한번 연습 삼아 해볼까요? '무엇이 나를 가장 행복하게 해주는가?'에 대해 주석을 작성해보시고 해당하는 곳에 이름을 써주세요. 타이핑을 해도 되고, 손으로 써도 됩니다.

제가 행복연구센터에 있잖아요. 행복을 연구하는 사람들이 반복적으로 검증해주는 게 돈이에요. 돈이 중요합니다. 절대 빈곤에 빠지면 행복해지기 어려워요. 성인군자가 아닌 한 행복해지기 어렵습니다. 돈을 벌어서 그 돈을 경험에 쓰거나, 관계에 쓰거나, 건강에 쓰거나, 의미 있는 일에 투자하면 돈이 굿 머니가 되는 거죠. '돈을 잘 벌어서 잘 쓰자.'가 행복의 중요한 조건입니다.

잘하셨습니다. 이런 식으로 참여시키면 아주 좋고요. 이런 템플릿을 수업 내용에 맞게 만들어놓고 쓰면 될 거 같아요. 일방적인 지식이나 이론 수업이라도 일방적으로 설명하지 마시고 확진자와 확찐자 그래프를 그려보듯이 아이들에게 추론해보게 하면 재미있을 것입니다."

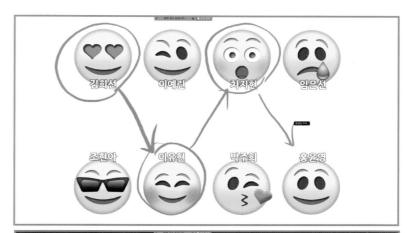

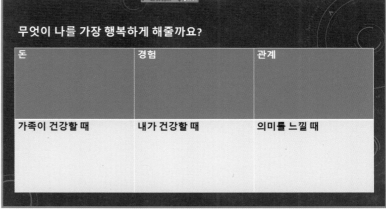

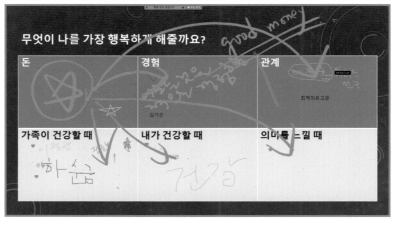

Unit 03

줌의 고급 기능:
화면 공유 중 줌 창 공유

마치 가상현실처럼 줌 화면 속에서 손가락과 시선만으로도 줌의 인터페이스를 가리키며 설명해주니 홍 박사의 강의 내용 속으로 빨려들어갈 수밖에 없었다. 그런데 문득 이상한 생각이 들었다. 나도 줌으로 강의를 해봤지만, 내가 화면 공유할 때는 가상현실과 같은 느낌으로 해본 적이 없었다. 홍 박사는 호스트가 보는 줌 화면을 학생들에게 똑같이 보여주면 된다고 이야기해줬다. 이것을 시범을 보이면서 설명해주니 이해가 됐다.

🧑 "하나만 더 알려드릴게요. 바탕화면만 공유하더라도 제가 보는 화면을 학생들에게 보여줄 수 없어요. 설정을 했기 때문에 보여드릴 수 있는 겁니다. '내가 줌 수업할 때 바탕화면을 공유해도 학생들에게 내 줌 화면은 안 보이던데 어떻게 된 거지?'라며 놀라셨을 것이라 생각합니다. 제가 신기한 마술 한번 보여드릴까요? 전체 화면으로 전환하면 교수님들의 이 비디오 썸네일이 이렇게 공중에 떠 있어요. 제가 손가락으로 이렇게 움직이고 있습니다. 마술 같죠?

맨 왼쪽을 누르면 썸네일 비디오 숨기기 또는 한 칸만 보이게 할 수도 있어요. 한 칸은 크기도 조절할 수 있고요.

세 번째는 세로로 길게, 네 번째는 그리드 표시…. 이 그리드는 마음대로 움직일 수 있습니다. 밀어올릴 수도 있고요.

사실은 마우스로 조정하는 건데, 학생들에게 착시 효과를 주는 거죠. 제가 보는 화면을 학생들에게 똑같이 보여준다는 것은 줌만 갖고 있는 기능이에요. 구글 미트나 마이크로소프트 팀즈에서는 구현할 수 없는 독특한 기능이에요. 공중에 글씨를 쓸 수 있어요. 또 강의를 하면서 "아휴 힘들어. ㅠㅠ" 혼자 이렇게 하면서 말을 할 수도 있어요.

우선 전체 화면을 빠져나갈게요. [전체 화면 종료]을 눌러 종료해도 되고 키보드에 있는 ESC를 눌러도 됩니다. Zoom을 실행하면 실행 화면이 뜨고 설정을 누르면 나타나는 화면 공유에서, [화면을 공유하는 동안 다른 참가자에게 내 Zoom Windows 표시]에 체크 표시를 하면 됩니다.

[회의에서 내 화면을 공유할 때] [모든 공유된 옵션 표시]의 체크 표시를 해제하면 줌 창이 모두 사라집니다. 제가 화면 공유를 껐다 켜보겠습니다. 지금 제 줌 화면 안 보이시죠? 저한테는 줌 창이 떠 있지만, 교수님들에게는 안 보여요.

다시 제가 '화면을 공유하는 동안 다른 참가자에게 내 Zoom Windows 표시'에 체크 표시를 한 후 공유 중지했다가 다시 공유해볼게요. 그러면 다시 줌 화면이 보입니다.

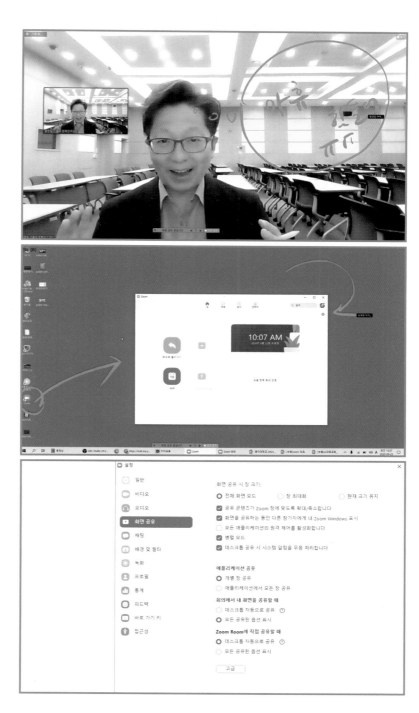

그런데 화면 공유 중에 줌 창 표시가 누구에게나 있는 게 아니에요. 바탕화면을 잘 보세요. 작업 표시줄에 있는 이 줌 회의가 우리가 회의하는 화면이고, 옆에 있는 이 줌이 줌 실행창을 띄우는 겁니다. 클릭하면 이 화면이 뜹니다.

여기서 설정을 누르면 교수님들께는 '화면을 공유하는 동안 다른 참가자에게 내 Zoom Windows 표시'라는 메뉴가 없어요. 이걸 나타나게 해야 합니다.

우선 Zoom 홈페이지(zoom.us)에 접속해 로그인한 후 설정에 들어가면 [화면 공유] 중에 Zoom 창 표시] 항목의 체크 표시가 해제돼 있는 것을 알 수 있습니다.

이곳에 체크 표시를 한 후 다시 줌 앱을 실행하면 다시 화면 공유에 화면 공유 시 줌 창 표시가 생기는 거죠. 무슨 말인지 이해되셨나요?

👦 "네."

😎 "방금 설명드린 기능을 수업 시간에 잘 활용하면 학생들도 Zoom으로 하는 수업에 만족할 것입니다."

물 흐르듯이 잘 진행되죠. 이 교수님의 수업이 두 번째인데, 상당히 부드럽게 진행하시는 것을 보고 깜짝 놀랐어요. 누구나 다 하실 수 있어요. 다만 내가 이렇게 할 수 있다고 생각을 했느냐, 안 했느냐 차이는 있는 거 같아요. 한 명 한 명 피드백을 주려면 소수 인원이 당연히 좋을 거 같고요. 학생 수가 많을 때는 채팅창을 활용해 질문하고 답하고, 파워포인트로 설명하다가 학생들과 소통하는 방법을 사용하면 됩니다. 어제 제 수업의 수강생은 50명이었어요. "교수님하고 한 번도 말을 안 했지만 채팅창으로 나도 모르게 참여하게 되고, 마치 나와 대화를 주고받는 것 같은 느낌이 들었어요."라고 말하는 학생이 많았어요. 저는 150명, 400명하고도 수업을 했습니다. 제가 지난 주 토요일에 400명과 함께 수업을 했는데, 강의 평가가 5점 만점에 4.97이 나왔어요. 이 영상은 저작권 때문에 유튜브에 못 올리고 비메오닷컴(viemo.com)에 올렸습니다. 이것만 설명드리고 쉬는 시간을 가질게요. 저는 오늘 한 시간마다 10분씩 쉬겠습니다.

강의 시간은 2시간 26분, 실제로는 3시간 30분 동안 진행한 수업인데, 제가 편집했어요. 이 수업은 유튜브 라이브를 동시에 했어요. 400명이 모두 참여한 겁니다. 지금 보시면 참가자가 213명이 응답하고 있는 것 보이시죠? 시간이 지나가면 응답자가 계속 늘어납니다. 이거는 중간에 부분부분한 거고, 중간에 사진도 띄워주고 동영상 자료도 쓰고 영상 클립 쓰고…. 진짜 놀랐어요. 한 가지 전제 조건은 학생들이 충분히 동기 부여가 된 상태여야 한다는 것이죠. 만약 동기 부여가 안 된 상태라면 어떻게 해야 할까요? 제 강의의 핵심 노하우는 '반전'이에요. 질문했다가, 학생들이 예상한 답변을 유도했다가 "사실은 그게 아니라, 이것이다."라고 하면서 뒤집어지게 만드는 것이죠.

Unit
04

홍 박사의 판서 요령:
태블릿 펜을 활용하라

이 채팅 하나만 답변드리고 쉬는 시간을 가질게요. 이승희 교수님께서 "화면에서 곧바로 줌 화면에 붉은 글자로 마킹하는 건 어떻게 하면 될까요?"라고 질문하셨어요.

제 얼굴에 동그라미를 쳐볼까요? 여기에 동그라미를 쳤는데 교수님이 보시는 화면에

동그라미가 그려지죠. 화면 공유 상태고요.

그리고 화면 아래의 주석 버튼 눌러 글씨를 쓰는 거죠.

참가자 목록 중에 홍영일 아이패드 보이세요? 제 아이패드가 참가자로 들어와 있어요. 아이디와 패스워드를 입력하고 학생처럼 들어온 겁니다. 그러고 나서 노트북에서 제가 화면 공유하고 주석 기능으로 아이패드로 글씨를 쓰는 거죠. 보통 노트북에서 모든 걸 해결하려고 하면 이걸 띄워놓고 글씨를 써야 하잖아요. 막 그린 다음에 슬라이드를 넘기려면 마우스를 한 번 클릭해주고 넘겨야 해요. 그리고 [모든 드로잉 지우기]를 눌러 모든 주석을 지워야 합니다. 그리기를 갔다가 모두 지웠다가 마우스 클릭해 슬라이드를 넘기고…. 이 과정이 매우 번잡하더라고요.

그런데 아이패드를 쓰면 필기는 여기서 필기하고요, 지우는 것도 여기서 지우면 되고, 노트북에서는 Spacebar 를 누르면서 슬라이드를 넘기면 되죠. 펜이 있는 아이패드, 갤럭시 탭, 갤럭시 노트, 와콤 태블릿, 조이트론 그래픽 태블릿 등을 쓰시면 됩니다.

"그럼 아이디가 2개 있어야 하겠네요?"

아이디가 따로 필요 없어요. 로그인할 필요도 없고요. 보여드릴게요. 제가 [회의 나가기]를 해볼게요. Zoom을 이 화면이 뜨는데, 여기서 로그인하지 마시고 밑에 있

는 [회의 참가]로 그냥 들어오는 겁니다.

스마트폰도 똑같아요. 여기에 아이디와 패스워드를 직접 입력하고 들어오면 돼요. 그럼 스마트폰은 로그인할 필요가 없는 거죠. 제가 로그인한 스마트폰도 하나의 학생이 되는 것입니다. 노트북에서 화면 공유하고, 스마트폰이나 아이패드에서 주석 작성 툴바를 열어 판서하시면 됩니다.

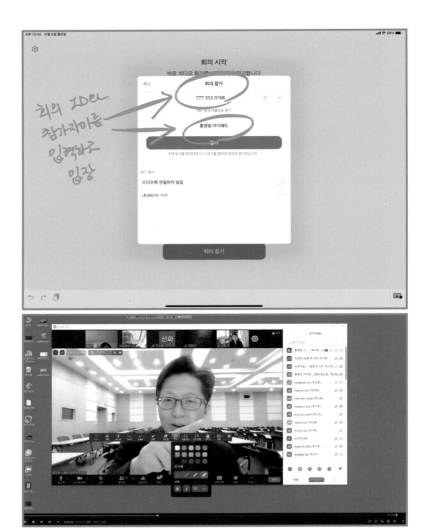

"갤럭시 노트로 동시에 들어가서 노트 기능을 사용하면서 강의할 수 있다는 말씀이시죠?"

"그렇죠. 제가 아이패드로 하는 것과 똑같이 판서를 아이패드나 노트로 할 수 있다는 겁니다. 단, 한 가지 유의사항이 있습니다. 노트북과 태블릿 2개가 동시에 접속했을 때 하울링이 생긴다는 설명을 드렸는데요. 하울링을 방지하려면 태블릿은 오디오 연결 끊기를 해야 합니다."

(이 부분은 2부의 '오디오 하울링 문제 해결하기'를 참조하면서 읽어보는 것이 좋습니다.)

제 스마트폰으로 들어와요. 마이크가 연결돼 있으면 인터넷 전화로 해야 합니다. 이렇게 하면, 하울링 생기죠. 지금 제 것도 하울링 생기고 소리가 울려요. 지금 마이크가 음소거돼 있어요. 그럼에도 불구하고 하울링이 생기는 겁니다. […](더 보기) 버튼을 누르면 빨간색으로 '오디오 연결 끊기'가 있습니다. 그럼 이 마이크 모양이 헤드셋 모양으로 바뀌면서 오디오 연결이 끊어집니다. 그럼 하울링이 안 생겨요. 그리고 오디오 연결이 끊어졌는지를 알려면 참가자 목록을 확인해보면 됩니다. 이정관 교수님은 마이크가 켜져 있고 다른 분들은 마이크가 꺼져 있어요. 밑으로 내려볼게요. 제 아이폰은 어떻게 돼 있을까요? 홍영일 아이폰은 마이크 모양이 안 보이죠. 오디오 연결이 차단됐다는 뜻입니다. 사실 학생들은 이럴 일이 없어요. 학생들은 이런 실수 절대 안 합니다. 교수님들하고 수업할 때 초·중·고 선생님들이 가끔 이런 실수들을 합니다. 그 분들은 제 목소리를 못 들으니까 글씨로 써요.

그리고 삼각대를 놓고 노트북 옆에 세워놓으면 내가 화면 공유하고 있는 게 학생들에게도 똑같이 보이는지, 의도한 대로 보이는지 모니터링할 수 있습니다. 그래서 저는 항상 스마트폰을 이렇게 해둬요. 물론 지금은 아이패드를 샀으니까 아이패드로 모니터링이 되니까 이제는 스마트폰으로 모니터링을 안 해도 돼요. 하지만 제가 교수님들에게 보여드리려고 세팅을 한 후에 설명드린 겁니다.

실습형 수업 유형: 서울대 등산 비대면 수업 사례

지금까지 들은 설명만 갖고도 내가 그대로 따라 하면 나도 학생들과 마치 교실에서 수업하듯 실감나게 할 수 있을 것 같았다. 그런데 홍 박사가 알려주는 추가 팁들은 알면 알수록 꿀팁들이다. 이번에는 서울대학교 등산 수업의 비대면 수업 사례를 설명하기 위해 방금 전 접속한 스마트폰을 활용한다.

"좀 더 재미있는 사례를 보여드릴까요? 등산 수업 사례입니다. 서울대학교 최고 인기 교양인데요. '산과 인생'이라는 수업으로 수강생이 90명입니다. 90명이 원래 버스 대절해서 산행을 하는 수업인데요. 올해 1학기 때 담당 교수님이 저를 찾아오셔서 "등산 수업을 하긴 해야 하는데 코로나 때문에 집합은 할 수 없고, 어떻게 비대면으로 등산을 할 수 있을까요?"라고 물어보셨어요. 이후 5월에 연락을 해서 어떻게 수업하셨는지 카톡으로 질문하고 대답을 들었습니다. 제 스마트폰을 공유해서 설명드려볼게요.

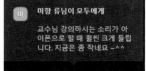

오디오 설정과 마이크 볼륨

🧑‍🏫 지금 보고 계신 화면은 제 스마트폰이고요. 여기서 제 카톡으로 들어가볼게요. 조금 전에 말씀드린 그 교수님의 카톡인데요." (4부의 서울대 등산 수업 사례 참조) "지금 제 목소리가 작아요? 채팅창에 목소리가 작다는 말이 올라와서 제가 확인해볼게요. 여기 [음소거] 버튼 옆에 꺾쇠 누르면 오디오 설정 보이시죠? 마이크의 볼륨이 최대네요. 볼륨을 더 크게 할 수는 없을 것 같아요.

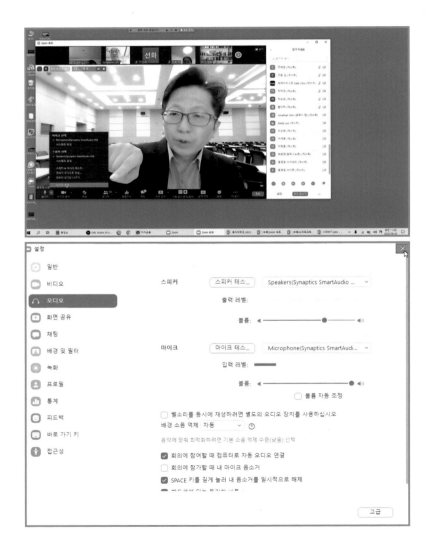

그리고 컴퓨터 소리를 공유하잖아요. 동영상이나 유튜브를 보여드릴 때 컴퓨터 소리 공유는 음량 조절이 안 돼요. 100%로 나갑니다. 소리를 공유할 때는 소리가 되게 커요. 학생들이 가끔 놀랍니다. 그때 학생들이 볼륨을 줄여요. 그럼 다시 제가 말할 때는 제 목소리가 작게 들려요. 이게 화면 공유의 단점이에요. 화면 공유 볼륨 자체를 조절할 수 있으면 제일 좋을 텐데, 아직 그게 안 돼요.

컴퓨터 소리 화면 공유

컴퓨터 소리 화면을 공유할 때는 […](더 보기) 버튼을 누른 후 [컴퓨터 소리 공유]에 체크 표시를 해야 합니다. 체크 표시가 안 되어 있으면 제가 동영상 플레이할 때 학생들이 소리가 안 들린다고 말해요. 여기서 체크해줘도 되고, [화면 공유] 눌렀을 때 [컴퓨터 소리 공유]을 누르셔도 됩니다.

"공유하는 동영상 자체의 소리를 줄이면 안 되나요?"

"안 되더라고요. 제가 한번 보여드릴게요. 영상을 하나 플레이하면서 일단 영상을 한번 보세요. 제가 [갤러리 보기]로 학생들 얼굴 표정을 보잖아요. 이정관 교수님의 웃는 모습을 제가 방금 봤어요. 그런데 비디오를 다 켜고 있으면, 학생들의 얼굴이 찡그려져요. "안 웃기니?"라고 물으면 "아니, 이게 웃을 일인가요? 당했다고 생각해 보세요. 화가 나지."라고 말해요. 그러면 제가 물어봐요. "누구는 유쾌하다고 말하고, 누구는 화가 난다고 말하는데, 그 차이가 뭘까? 바로 불확실성을 견딜 수 있는 내

공이 있나, 없나의 차이야."라고 말하면 애들이 "아." 하면서 놀라요. 이 영상이 아까 소리가 엄청 크게 나갔죠. 이 소리를 줄여볼게요.

다시 영상을 열고, 저는 소리를 줄여서 저에게는 소리가 작게 들려요. 그런데 이정관 교수님 어때요? 제가 볼륨 줄였는데 줄었나요?

😀 "네, 작게 들립니다."

🤓 "작게 들려요? 개선된 것 같네요. 줌이 하루하루 개선되거든요. 다른 데서는 "안 돼요." 그냥 100%로 나갑니다. 포기하세요."라고 말했거든요. 그럼 제가 다시 키워볼게요. 커지나요?

😀 "네. 들립니다."

😊 "이제 매뉴얼을 바꿔야겠네요. 그러고보니 또 바뀐 게 있네요. Zoom 앱에서 제 아이콘 프로필을 누른 후 [업데이트 확인]을 누르니 5.3으로 업데이트할 수 있다고 뜨네요.

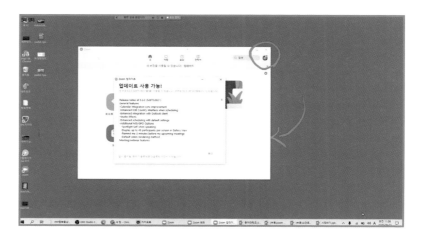

줌 소회의실 기능의 환상적인 업데이트

 "제 현재 버전이 5.2.3인데 5.30으로 업데이트했더니 엄청나게 놀라운 기능이 새로 생겼어요. 소회의실 기능이 바뀌었어요. 교수님들도 쉬는 시간에 업데이트하세요. 업데이트하려면 회의를 나가셔야 합니다. 회의 참가 중에는 업데이트가 안 됩니다.

지금은 이 소회의실을 눌렀을 때 '자동'하고 '수동'밖에 없죠? 그런데 하나가 더 생겼어요. 학생들이 스스로 방을 선택할 수 있는 메뉴가 생겼네요. 메뉴가 생긴 것만 확인하고 저는 아직 실행해보지 않았어요, 오늘 교수님들하고 실제로 해보려고요.

이 Zoom의 개발자는 웹엑스에요. 시스코 사의 웹엑스가 Zoom이랑 쌍둥이에요. 왜냐하면 웹엑스 개발자가 시스코라는 글로벌 다국적 기업을 나와 만든 회사가 줌입니다. 그후 웹엑스는 느리게 발전하고 줌은 엄청나게 발전했어요. 그래서 웹엑스가 줌을 따라가려고 해도 줌을 따라올 수 없었어요. 제가 이번 학기에 출강하는 어느 학교는 웹엑스, 어느 학교는 구글 미트, 또 어떤 학교는 마이크로소프트 팀즈가 공식이에요. 그런데 팀즈를 선택한 학교는 결국 줌으로 갈아탔고요. 구글 미트를 선택한 학교도 그 학교 교수님들이 거의 줌을 사용해요. 웹엑스의 치명적인 단점은 비디오 뽀샤시 효과가 없다는 것이에요. 그래서 제가 충격을 받고 "여러분, 다음 주부터는 줌으로 하겠습니다. 줌으로 들어오세요."라고 말했고, 학생들이 줌으로 들어오더니 너무 좋다고 하는 거예요.

웹엑스, 미트, 팀즈도 계속 개선되고 있어요. 그런데 줌이 워낙 앞서 있으니까 따라잡지 못하고 있어요. 또 하나, 줌을 완벽하게 할 줄 알면 나머지는 따로 공부하지 않아도 됩니다.

소회의실의 메뉴가 [자동 할당], [수동 할당], [참가자가 소회의실 선택하도록 허용]으로 바뀌었죠.

이거 한 번 해볼게요. 만들기 누르면 기본적으로는 이렇게 할당하게 돼 있어요. 일단 이름을 '도시에서의 노후'로 바꿔볼게요. 두 번째는 '바닷가에서의 노후', 세 번째는 '산에서의 노후', 네 번째는 '방랑자의 삶'으로 바꾼 후 [모든 회의실을 열기] 해보겠습니다. 과연 어떻게 될까요?

여기 밑을 보니까 도시에 한 분이 들어갔고 산에 두 분이 들어가셨네요. 이렇게 방만 만들어놓으면 학생들이 알아서 찾아들어가는 거죠. 진짜 좋네요."

"패드하고 스마트폰에서는 소회의실 참가 버튼이 안 떠요."

"참가자들도 업데이트가 돼 있어야 합니다. 업데이트가 안 된 사람은 안 되는 거고, 아직 스마트폰 아이패드에는 이 기능이 업데이트가 안 된 거예요."

👤 "소회의실 들어가면 메인 메뉴는 못 보네요?"

👤 "못 보고 본인이 빠져나올 순 있어요. 메인 메뉴로…. 자, 이제 소회의실에서 빠져나오시라고 브로드캐스트 문자를 보냈습니다.

소회의실 들어가신 분들은 설명을 못 들으셨는데, 다시 설명드릴게요. 소회의실에서 학생들이 스스로 찾아가도록 하는 기능을 사용하려면 학생들의 기기도 업데이트해야 합니다."

👤 "소회의실을 하려면 장치 2개를 써야 효율적이겠어요?"

👤 "왜 그런가요? 최희원 교수님? 아, 기기 하나를 메인 세션에 두고, 하나는 소회의실 들어가는 것을 말씀하신 거죠? 맞아요. 하나의 기기는 메인 세션이나 소회의실

한 군데만 있을 수 있어요. 모니터가 둘이라도 동시에 볼 수는 없습니다. 이 둘을 동시에 보려면 기계가 따로 있어야 해요."

"소회의실에 들어가서 멤버들끼리 말할 수 있는 기능이 없는 거 같아요."

"왜 안 돼요? 이제훈 교수님?"

"받는 사람이 원래 모두 적혀 있잖아요. 그럼 전체에게 채팅이 되는 건데…"

"아, 교수님 채팅창은, 소회의실로 들어가면 그 소회의실 안에서만 채팅이 되고 바깥으로 안 나가요."

"그런데 나와 있을 때도 소회의실에서 주고받은 채팅 내용이 그대로 남아 있는데요."

"나와 있을 때는 소회의실 들어가기 전에 메인 세션의 채팅이 그대로 남아 있는 거고요. 소회의실에 들어가면 소회의실 메시지가 컴퓨터에 쌓이다가 메인 세션에 나오면 그 시점부터 이어서 볼 수 있습니다.

"호스트가 하나의 소회의실 들어간 상태에서 줌 회의에 새 접속자가 있으면 알 수 있나요?"

"아, 어떻게 알 수 있냐면, 항상 호스트는 소회의실 버튼을 소회의실 안에서도 눌러 열 수 있어요. 내가 지금 도시 안에 들어와 있다고 해볼까요. 여기 들어와 있어요. 그런데 바깥에 참가하지 않은 사람들의 명단을 볼 수 있을 거 같은데, 확인해봐야겠다. 제가 메인 세션에 남아 계신 분들을 전부 배정해드릴게요. 모든 회의실의

[닫기]를 누르고, 이 상태에서 제가 할당을 또 해볼게요.

지금 바닷가. 임의로 다 넣어드릴게요. 그리고 도시에도 나머지 다 넣어보고 그 다음에 산…. 이제 회의실을 열고 저도 도시 팀으로 들어가서 최고은 교수님 질문을 바탕으로 확인해보겠습니다.

모두 소회의실에 한번 들어가서 수다를 떨어주세요. 아무거나. 들어가시고, 저는 도시로 들어가겠습니다. 어? 원래하고 똑같은데. 소회의실 안에서의 채팅은 소회의실 안에서만 공유됩니다. 호스트도….

채팅장에서 받는 사람을 선택해보시면 소회의실 멤버들의 이름만 뜨는 것도 확인할 수 있습니다.

제가 여기서 [소회의실] 버튼 눌러보면, 다른 모든 소회의실 멤버들과 메인 세션이 배정되지 않은 멤버들을 확인할 수 있습니다.”

"홍 교수님, 다시 메인으로 돌아왔는데요. 소회의실에서 교수자가 소회의실 분배해놓고 거기서 무슨 이야기가 있었는지 나중에 살펴볼 수 있을까요? 별도 녹화는 안 되는 거죠?”

"기록 허용 권한을 학생에게 줄 수 있어요 그럼 이 학생이 녹화를 할 수 있습니다. 그 학생 비디오에 마우스 커서를 가져가서 […](더 보기) 버튼을 누르고 기록 허용을 하는 거예요. 단, 노트북이나 PC 사용자만 가능합니다. 스마트폰으로 접속한 아이들은 안 돼요. 기록 허용 권한을 받은 학생은 [기록] 버튼을 누르면 되는데, 그 시점부

터 녹화가 됩니다. 녹화가 끝나면 mp4 파일을 제출하라고 하면 돼요. 또 학생들이 독립적으로 줌 회의를 개설하면 학생들이 녹화를 알아서 할 수 있어요. 교수님의 기록 허용 필요 없이 호스트로서 녹화할 수 있어요. 모든 과정을 기록으로 남기라고 하는 것이 좋습니다.

이제 정리할게요.

'강의식 수업을 할 때는 한 명씩 대화식으로 하라. 나머지는 채팅창을 이용해 참여시켜라. 토론식 수업은 소회의실을 적극적으로 활용하라. 팀 프로젝트는 학생들끼리 자체적으로 하게 하고 기록을 제출하도록 하라. 온라인 수업의 모든 과정을 기록하고 결과물과 함께 제출하게 하라.' 이게 학습 포트폴리오입니다. 이건 학생들의 모든

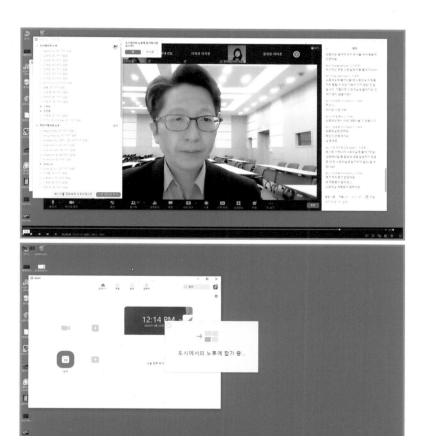

활동을 데이터화하라는 소리인데요. 이 기록은 그다음 학기 수강생들에게 샘플로 보여줄 수도 있고요. 그리고 이 모든 과정이 기록에 남기 때문에 이걸 성적 평가의 근거로 하면 학생들 컴플레인을 못합니다. 다 기록이 남기 때문에… 마지막으로 교수님이 모든 피드백을 일일이 주려고 하면 되게 힘들어요. 그래서 동료 피드백을 걸어놓고 교수님은 간헐적으로 1주일에 한두 번씩만 피드백을 해서 눈여겨보고 있다는 흔적만 남기시면 학생들은 열심히 합니다."

[참고] 비대면 수업에서의 소통 강화 방안

☑ 강의식 수업: 한 명씩 대화해 나가되 공통 질문/개별 질문을 섞어라

☑ 토론식 수업: 소회의실(zoom breakout room)을 적극 활용하라

☑ 팀 프로젝트 수업: 학생들끼리 자체 화상회의를 진행하도록 하고 기록하고 제출하게 하라

☑ 온라인 수업의 모든 과정을 기록하고 저장하여 결과물과 함께 제출하도록 하라

☑ 교수가 모든 피드백을 주는 것보다 동료 피드백을 적극 활용하고 교수는 간헐적으로 피드백하라

6부
줌에 날개를 달아주는
협업 도구와
퀴즈 게임 앱

 "패들릿, 구글 드라이브, 소크라티브, 멘티미터를 배워보겠습니다. Top Tools 4 Learning 닷컴 사이트(http://toptools4learning.com)에서는 전 세계 45개 국에서 2,369명이 1인당 10개씩 투표를 합니다.

교육 솔루션이 탑 200에 들어가면 이게 종합 순위인데요. 유튜브가 1등, 줌이 2등, 지금 우리가 하려고 하는 패들릿, 카훗, 멘티미터 등이 그 밑으로 보입니다. 패들릿은 종합 순위 23등이지만, 대학에서의 순위는 12등입니다. 상당히 높은 거죠. 카훗은 13등입니다.

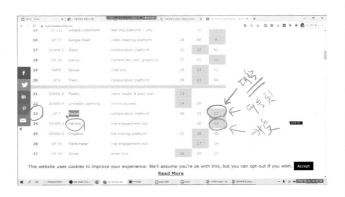

소크라티브는 조금 낮아요. 낮긴 하지만 어쨌든 탑 50 안에 들어 있습니다. 멘티미터도 24등이고요. 대학 교육으로 가서 볼까요? 에듀케이션 탑 100으로 가면 줌 3등, 구글드라이브 4등, 패들릿 12등, 카훗… 또 뭐가 있을까요. 소크라티브 여기 있네요. 48등…. 그래서 탑 50 안에 다 들어 있는 것들을 배울 것입니다.

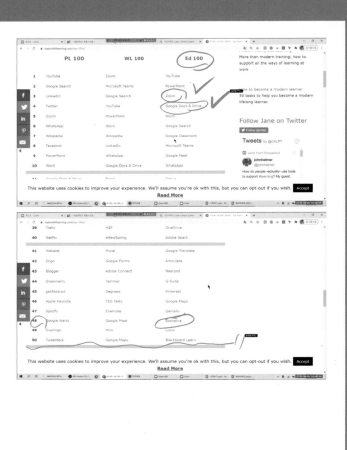

Unit 01
동영상을 주제로 소통할 수 있는 강의 플랫폼, 패들릿

"패들릿을 배워보겠습니다. 제가 먼저 동영상을 한 편 보여드리겠습니다. 이것은 대학 교육에도 영감을 주는 사례인데요. 토요일마다 줌 수업 나눔을 하는데, 어떤 중학교 선생님이 산책 중에 "저는 패들릿을 쓰고 있어요." 하면서 1~10반 도덕 시간에 어떻게 패들릿을 쓰는지 공유해주셨습니다. 여기는 1반부터 10반까지 있고, 도덕 시간이에요. 주제는 '정의란 무엇인가'이고요. 이것에 대해 학생들이 각자 정의를 내립니다. 이걸 어떻게 내리냐면 유튜브 영상을 링크를 걸어요. 정의를 주제로 하는 영상에 링크를 걸어서 '내가 생각하는 정의는 이런 거다.' 이렇게 올리는 활동을 했다고 해요. 실제로 어떻게 했는지 보실 게요.

네, 잘 보셨죠? 이런 건데, 실제로 스마트폰이어서 화면이 좁았지만 PC에서는 넓게 볼 수 있습니다.

사실 저는 옛날에 패들릿이 교수님이 학생들에게 파일 공유해주는 정도라고만 알고 있었는데, 저도 '이번 학기, 지난 학기에 패들릿을 배우면서 이게 무궁무진하다. 패들릿 하나만 갖고도 줌 필요 없이 유튜브에 동영상 하나 올리고 소통하면 이거 하나

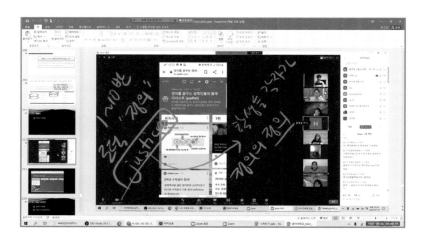

만으로도 강의 플랫폼으로 쓸 수 있겠다.' 이런 생각이 들 만큼 좋았어요."

5개까지 무료로 생성할 수 있는 패들릿 로그인하기

"주소는 http://padlet.com. 간단하죠. 로그인해보면, 제가 지금까지 만든 것들이 보입니다. 참고로 패들릿은 무료로 5개까지 생성할 수 있습니다. 삭제를 해야 또 추가할 수 있는 거죠. 유료는 무제한입니다. 저는 워크숍을 하기 때문에 무제한을 선택했지만, 제가 혼자 제 수업에만 쓴다면 무료 버전으로도 충분했을 것 같은 생각이 들어요. 만들었다 지웠다 하면 되니까. 그럼 해볼까요?"

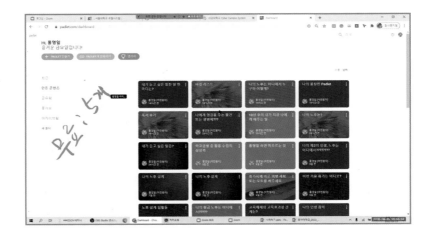

내가 듣고 싶은 칭찬

👨 "제가 만든 것 보여드릴게요. '내가 듣고 싶은 말은?'을 열어볼게요. 이게 뭐냐면 대학생들에게 물은 거예요. 내가 듣고 싶은 칭찬….

그랬더니 어떤 학생은 "너는 우리에게 힘이 되는 존재야", "최고!" 이런 말을 하죠. 이게 원래는 한 명 한 명이 따로따로 올려준 건데, 학생들끼리 화살표를 연결한 겁니다. 어떻게 하는 거냐면, 얘를 여기다 연결해볼게요. 옆에 있는 […](더 보기) 버튼을 누르고 게시물에 연결…. 오른쪽과 이걸 선택합니다.

여기 화살표가 연결된 거 보이시죠? 이런 식의 활동인데, 게시글들을 마우스로 움직이면 화살표가 따라다녀요. 이러면 뭘 할 수 있느냐면 보시는 바와 같이 이동할 수

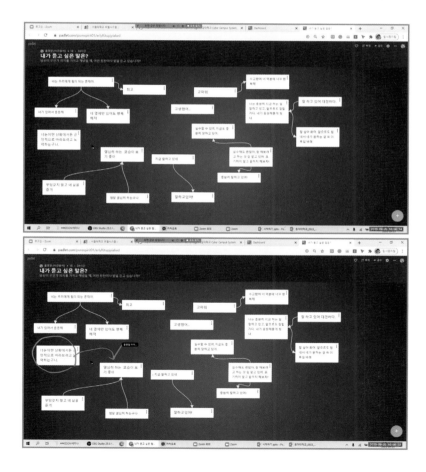

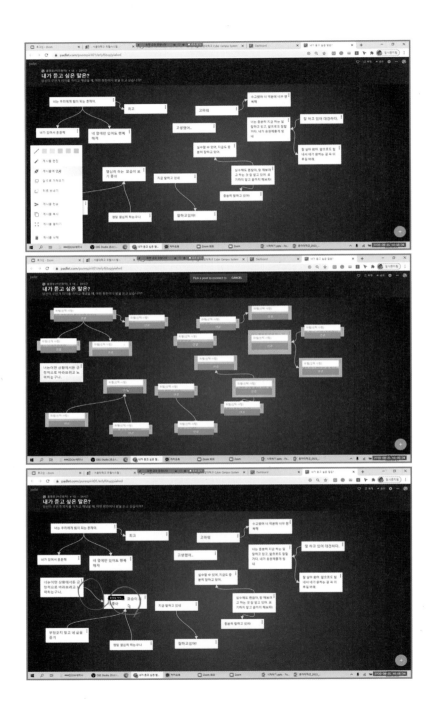

있어요. 그러면 범주화되잖아요. 제가 실제 수업을 이렇게 했어요.

자존감이 낮은 아이들 또는 좀 주눅 들어 있는 아이들은 '너 지금 충분히 잘하고 있어.' 이런 칭찬을 해줘야 본인들의 존재가 확인됩니다. 인정이 필요해요.

하지만 자존감이 높은 아이들에게 '너 충분히 잘하고 있어.'라고 해봐야 속으로 '나 원래 잘하는데.' 이렇게 생각하게 돼요. 얘네들은 어떻게 해줘야 하냐면 "너는 멋지다. 너는 어떻게 그런 생각을 다했니?" 이렇게 끊임없이 감탄해줘야 합니다. 그다음에 왼쪽 위는 뭘까요? "너는 우리에게 힘이 되는 존재야. 네가 옆에만 있어도 행복해." 이런 거는 자존감을 형성해주는 칭찬이죠. 자존감을 높여주는 칭찬입니다. 존재

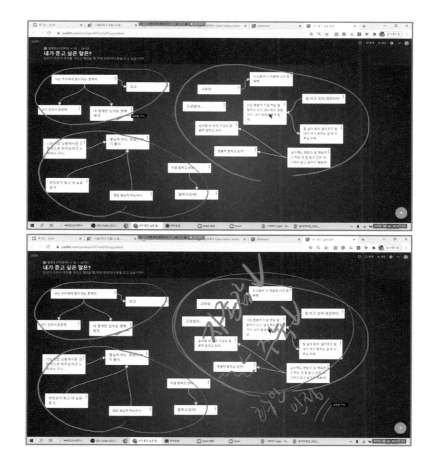

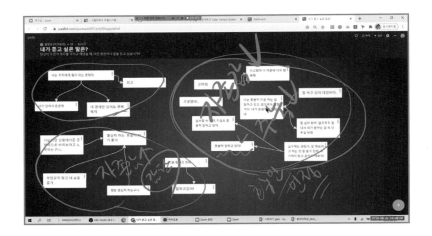

감을 인정해주는 거죠. 자존감이 높은 아이냐, 낮은 아이냐에 따라 칭찬의 방향이 달라집니다. 이렇게 하니까 아이들이 엄청나게 공감하는 겁니다.

그리고 이것은 실명으로 할 수 있어요. 여기 [설정] 버튼 누르고 밑으로 내려보면 나타나는 저작자 표시 체크, 반응, '좋아요'에 체크해볼까요?

이렇게 해주면 보시는 바와 같이 누가 썼는지가 나옵니다. 그런데 왜 다 익명으로 나올까요?

여기 홍영일만 실명이네요. 왜냐하면 학생들이 패들릿에 로그인하지 않고 링크만 타고 들어와서 익명이라고 뜨는 겁니다. 학생들이 로그인하면 저처럼 실명으로 이

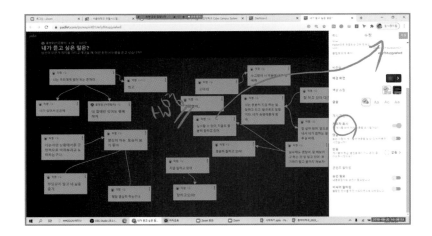

름이 뜹니다. 그래서 패들릿 수업을 할 때는 다 로그인하고 들어오라고 하는 게 좋습니다. 그리고 여기 하트가 있어서 '좋아요'를 클릭할 수 있어요."

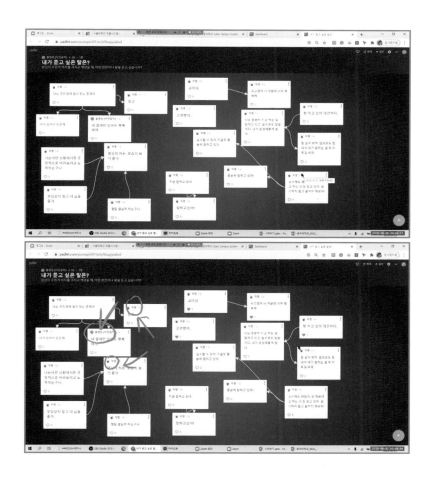

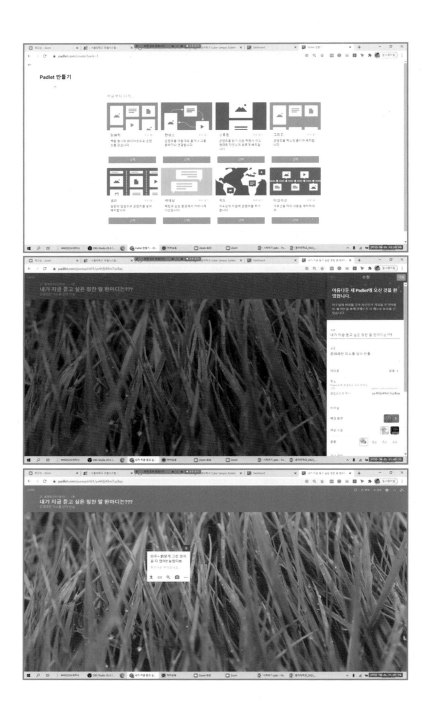

유형1 **캔버스**

👨 패들릿 만들기를 해볼게요. 여덟 가지 템플릿이 있는데. 이 중에 아까 도덕 선생님이 소개해준 건 '셀프'이고, 제가 지금 고른 건 '캔버스'입니다. 이걸 해보겠습니다. [Padlet 만들기]를 누르신 후 제목을 입력하고 [게시 시작하기]을 누르면 됩니다. 바탕의 아무 곳을 마우스로 더블클릭한 후 내용을 입력하시면 됩니다. 그리고 주소창에 URL을 복사해서 줌 채팅창에 붙여 넣어주면 하이퍼링크가 생깁니다. 이것을 클릭하고 학생들이 모두 들어가서 공동 작업을 할 수 있는 것입니다.

한 가지 유의사항! 익스플로러로 하지 마세요. 한글 입력에 에러가 많아요. 가급적 크롬 또는 엣지 같은 새로운 브라우저로 들어오세요.

네트워크가 연결되는 방식이 상당히 재밌죠? 만약 이게 철학 수업이면 이것과 연관된 개념을 써보세요. 그런 다음에 개념을 범주화해서 새로운, 더 추상성 레벨이 높은 범주로 엮는 이런 활동을 할 수 있을 것 같아요. 여기까지 하겠습니다. 다들 감 잡으셨죠?"

유형 2 나의 인생 음악

😎 "다른 유형을 하나 해볼게요. 나의 인생 음악. 워크숍에 참여한 교수님들이 각자 자기 인생 음악을 하나씩 올려주신 거예요. 하나의 인생 음악 플레이리스트가 만들어진 겁니다. 가운데에 '걱정 말아요'의 가수 '이적'이 보이네요. 그냥 눌러서 들어보는 거죠. 여기에 제 노래도 있어요. 맨 왼쪽 상단에 있네요. 여기 홍영일 '엄마야 누나야'. 우리 아이들은 이 노래를 제일 좋아해요. 이걸 들으면서 잠을 자거든요. 이걸 유튜브에 올려놓았거든요. 검색해보시면 다 들으실 수 있습니다. ^^

음악이나 예술 분야로 하신다면 학생들이 스스로 사진 찍은 것 자기 연주한 것을 여기다 이렇게 올려놓으면 교수님은 볼 수 있고, 학생들은 다른 친구들이 올려놓은 걸 한눈에 볼 수 있습니다."

유형 3 **내가 읽은 책 독서 후기**

😊 또 어떻게 할 수 있느냐면 내가 읽은 책. 독서 후기, 자신이 읽은 책 중에서 가장 인상 깊었던, 인상적인 문장을 쓰고, 관련 이미지 넣고 이렇게 쓰는 거예요.

학생들에게 '과제 논문에서 가장 인상적인 문구'와 '내가 무엇을 배웠나', '나의 인사이트는 무엇인가'를 올리라고 하는 겁니다. 모든 학생들의 인사이트를 한눈에 볼 수 있습니다. 우리가 보통 이걸 LMS 게시판에 올리라고 하는데, 그럼 하나씩 열어봐야 하잖아요. 그런데 이것은 모든 것을 동시에 볼 수 있는 효과가 있습니다."

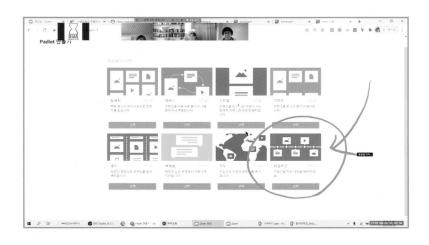

타임라인 가보기

"하나만 더 보여드릴게요. 이거는 제가 만들면서 보여드릴게요. 이번에는 타임라인으로 가겠습니다. 타임라인은 과연 어떤 걸까요?

제목에 "나의 버킷리스트. 연도, 날짜 쓰고 할 일 쓰세요".

[게시 시작하기]를 누르시면 됩니다. 그리고 바탕에 있는 [플러스] 버튼을 누릅니다.

나는 '2030년 1.1. 내가 만든 한옥 입주.'라고 입력합니다.

그리고 여러 파일을 첨부할 수 있는데 구글 검색도 할 수 있어요. 한옥을 검색해서 이미지. 유튜브 비디오…. 이게 다 가능해요.

그럼 어느 게 예쁜가. 나는 좀 으리으리한 걸로 해야지. 뭔가 되게 튼튼해 보이네요.

이렇게 하는 거예요.

주소 복사해서 채팅창에 공유할게요. 링크를 클릭하고 들어와서 각자의 버킷리스트를 하나씩만 입력해주시기 바랍니다.

자, 쭉쭉쭉 올라오는데, 날짜와 순서가 뒤죽박죽이죠. 그럼 이거를 끌어다가 정렬할수 있어요. 나보다 날짜가 빠른 게 뒤에 있으면 끌어다 앞에 놓을 수 있는 거죠.

한 번 다들 옮겨보세요. '우주로 가는 날'은 박존 교수님이 쓰셨습니다. 누구신지 모르지만, 아 박창식 교수님이시군요. 이 꿈 저도 따라가고 싶어요. 근데 저 은하계를 벗어나시는군요. 너무 먼데요? 저는 화성까지는 가겠는데…. ㅎㅎㅎ

이렇게 한 다음에 어떻게 한다고요? 타임라인을 조정할 수 있습니다. 앞뒤를 바꿀

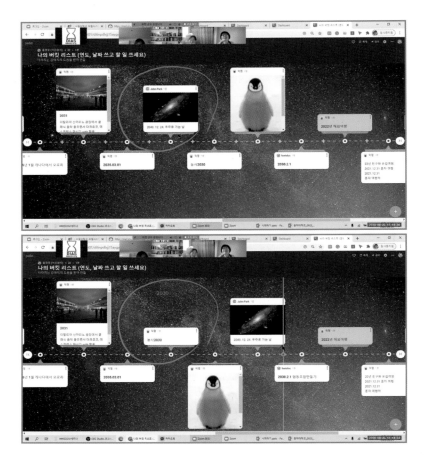

수 있어요.

그럼 제가 보여드리는 시범은 여기까지로 하고요. 그럼 저는 화면을 공유 중지하겠
습니다."

회원 가입

"이번에는 회원 가입에 대해 알려드릴게요. 패들릿닷컴에 들어오면 [가입하기],
그냥 [구글로 가입]하시면 끝. 구글 말고 이메일로 가입하려면 이메일 주소와 비밀
번호를 입력하고 인간미 체크하고 가입!

그러면 여기서 요금제 선택하라고 나와요. '베이직'. 이게 '프리'잖아요. 이거 선택하

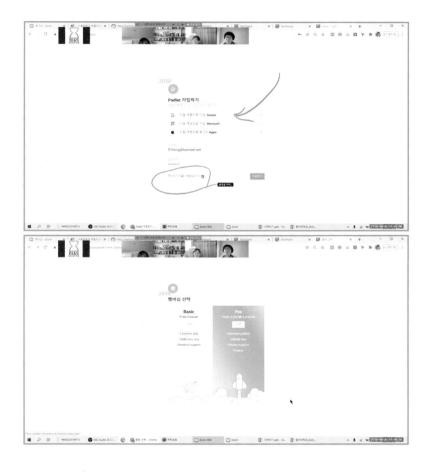

세요. 프로는 해보고 마음에 들면 선택하세요. 프로는 금액에 따라 파일 첨부 용량의 제한이 풀립니다. '프리'를 선택하면 끝이에요.

이제부터 작성하시면 됩니다. 그리고 오른쪽의 [프로필 설정] 들어가서 이름을 바꾸실 수 있어요. 여기 '영일 홍'이라고 되어 있는데, 이 이름을 [프로필 편집] 눌러 원하는 대로 바꿀 수 있습니다. 이제 모두 해보시기 바랍니다.

패들릿닷컴에 들어가 모두 회원가입하시고, 각자 모두 패들릿 하나를 만들어서 교수님 한 분의 예를 공유해보겠습니다. 여덟 가지 유형 중에 하나를 선택하고, 제목만 입력하고 [게시하기] 하면 끝이에요. 그리고 그 링크를 우리에게 공유해주시면 우리가 달려들어서 작업을 하는 겁니다. 정말 심플하죠. 준비되신 분들은 링크를 올려주

세요. 제일 먼저 올려주시는 분의 링크를 타고 들어가 보겠습니다."

언제 행복감을 느끼나요?

"최고은 교수님 걸로 들어가겠습니다. '언제 행복감을 느끼나요.' 이거 좋다. 내가 하는 일에 몰두하고 있을 때…. 그리고 최고은 교수님 설정에 들어가서 [저작자 이름 표시]에 체크해주세요. 그러면 사람 이름이 뜰 겁니다. 저는 '영일 홍'이라고 뜨고요. 손종오 교수님 토요일 아침이 제일 행복하다. 그리고 커피 한 잔과 함께 어항의 열대어를 보고 있을 때…. 최고은 교수님은 애기랑 함께 있을 때. 사진 너무 예쁘네요.

이정관 교수님은 '지금 이 순간'…. 이선화 연구원님은 '퇴근'…. 퇴근 후에 뭐하시나요?"

"갑자기 문제가 생겨서 퇴근 후에 쓸 게 더 있는데 못 썼어요."

"leetoloc 교수님은 '의미 있는 목표를 향할 때'…. 이선화 연구원님은 '퇴근 후 딸이 꼬옥 안아줄 때'….

공현희 교수님 거에 들어가 볼까요? 우리 교수님들 서로 다른 교수님들 거 들어가서 하나씩 도와주세요. 공현희 교수님 "오늘 수업에서 배운 거 하나씩 써보세요." 이 거 하셨군요.

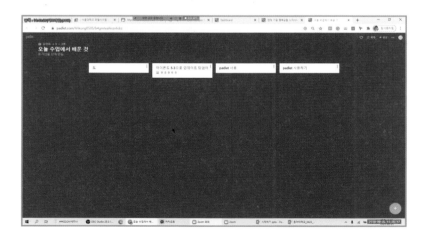

여기까지 해볼게요. 한 분 정도 이거를 어떻게 응용할 수 있는지 소감 들어볼게요."

"박창식 교수님, 패들릿 쓰고 계세요?"

"오늘 처음 들었습니다."

"어떠세요?"

"학생들하고 토론이 안 된다고 지난 학기에 찐빵을 많이 먹었는데, 이걸 수업에 쓰면 굉장히 좋을 거 같아요. 저는 줌을 안 하고 온라인으로 동영상만 올리거든요. 줌은 타이밍이 안 맞아서 직접 제작해 올리는데, 학생들이 쌍방향이 부족하다는지적을 많이 해서… 이걸 활용하면 오프라인 속에서도 소통을 잘할 수 있을 거 같아요. 아주 유익할 거 같아요. 저는 세계문화유산을 지도에 찍어서 올리면 학생들이 다른 것도 이렇게 할 수 있을 거 같아요. 제가 유럽 시장은 박물관을 찍어서 올리고 이러면 괜찮을 거 같아요. 학생들이 하나씩 가서 찍어서… 굉장히 괜찮을 거 같아요."

"박창식 교수님이 만드신 거 한번 볼게요. 유네스코 세계문화유산… 지도로 하셨구나. 클릭해보면 '버마'. 이러면 학생들이 사진을 찍어서 체크해주면 되겠네요."

"실제로 되는지 한번 해볼까요? 박창식의 교수님 링크를 다시 한번 올려드릴게요.이렇게 되면 들어와서, 마우스 휠을 돌리니까 지도가 커지고 작아지네요. 검색창에가면 서울대학교가 바로 나와요. 찾을 필요 없고."

"검색창이 어디에 있어요?"

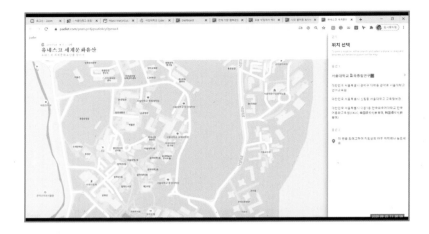

"여기 분홍에 플러스 버튼 있죠? [플러스] 버튼을 누르시면 위치 선택이 나와요. 여기 '서울대학교'라고 치면 관악 서울대학교 나오죠. 여기를 선택하면 바로 됩니다. 이러면 학생들이 자기 조사한 걸, 사진 첨부도 되고…"

"아, 네. 이거 진짜 좋네요. 지금 제가 있는 곳도 표시해봤습니다."

"감사합니다. 그럼 우리 다른 교수님들. 엄청나게 많이 표시가 붙었어요. 포스트들을 클릭해보는 것도 재미가 있겠네요. 여러분들 덕분에 새로운 템플릿을 확인할 수 있었습니다."

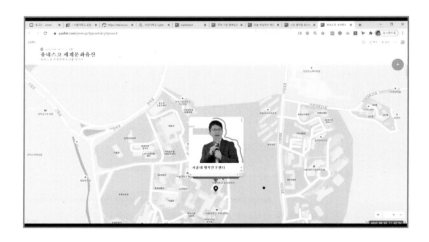

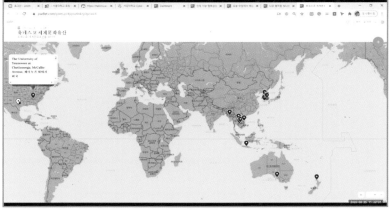

Unit 02

구글 독스/드라이브 배워보기

이번에는 구글 드라이브를 배워보겠습니다. 구글 드라이브는 전 세계 대학에서 가장 많이 사용하는 교육용 솔루션 3위에 랭크돼 있습니다.

drive.google.com에 접속하신 후 [새로 만들기]를 누르면 여러 가지가 있어요.

워드 문서, 엑셀 문서, 파워포인트 그리고 [더 보기(…)]를 누르면 설문지도 만들 수 있

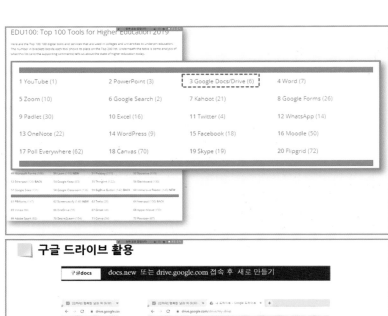

구글 드라이브 활용

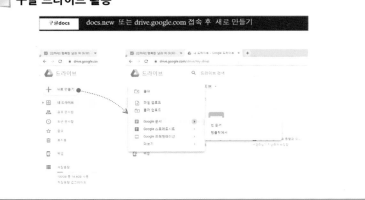

고요. 이 모든 것들이 20~30초면 뚝딱 만들어집니다.

어떻게 한다고요? [새로 만들기]! 그러면 이렇게 여러 가지가 나오죠. 구글 문서, 스프레드시트, ppt, 설문지, 드로잉 등 여러 가지가 있습니다."

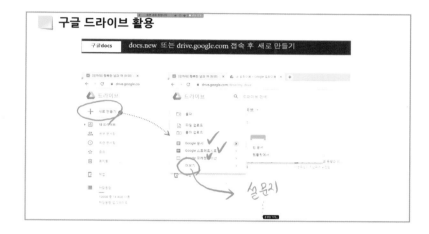

구글 스프레스시트 순서대로 만들기

"지금은 엑셀로 가볼게요. 스프레드시트에 가서요. 스프레드시트를 만드는 순서는 다음과 같아요. 먼저 제목을 설정합니다.

제목을 설정한 후 [공유] 버튼을 누르면 링크를 공유할 수 있어요.

혹은 이메일 주소를 입력해서 이메일 주소를 받은 사람만 공유할 수 있게 할 수도 있습니다. 링크를 받은 사람이 보기만 할 수 있게 할 것인지, 편집도 할 수 있게 할 것인지도 선택할 수 있습니다.

엑셀 파일을 공유했으면 여기 이 친구들이 동시에 작업한 겁니다. 그러니까 다른 팀들이 어떻게 하는지 볼 수가 있죠. 그러면 서로 아이디어를 공유하게 되죠. 집단 지성! 이거 패들릿이랑 비슷하죠? 구글 드라이브가 워드, 엑셀, ppt와 같이 우리가 아주 익숙한 프로그램을 그대로 쓸 수 있다는 것이 장점이에요. 익숙함이 장점입니다.

순서는 다음과 같습니다.

먼저 제목을 입력하겠습니다. 그다음은 공유…. 특정인과만 공유하겠다, 그 이메일 주소를 여기다가 써요.

지금 여기 '서울대 행복연구센터 해피니스' 이렇게 하면 여기 해피니스 이메일과만 공유하겠다는 식입니다.

학생들하고 공유하려면 일일이 학생들의 이메일을 등록하셔도 되고요. 참고로 여기 등록 가능한 이메일은 구글 이메일(gmail)이어야만 합니다.

그다음에 [링크 보기]-[모든 사용자가 있는 링크] 클릭. 그러면 뭐라고 뜨냐면 '링크가 있는 사용자가 볼 수 있다고 돼 있지, 편집은 안 됩니다. 뷰어라고 돼 있어서' 그래요. [뷰어]을 눌러 [편집자]로 바꿔주면 링크가 있는 사용자는 수정할 수 있습니다.

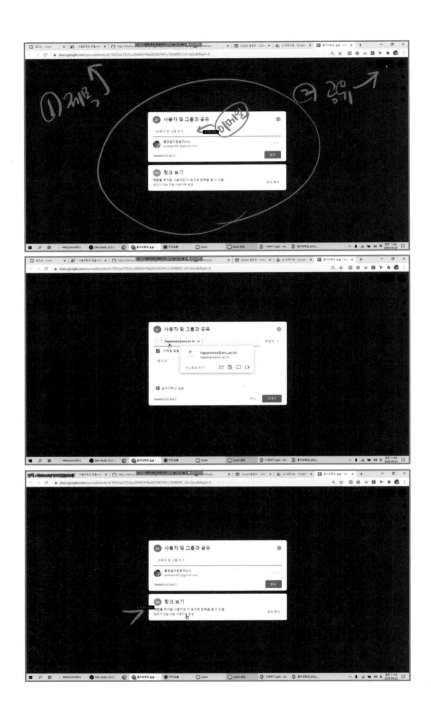

6부 · 줌에 날개를 달아주는 협업 도구와 퀴즈 게임 앱

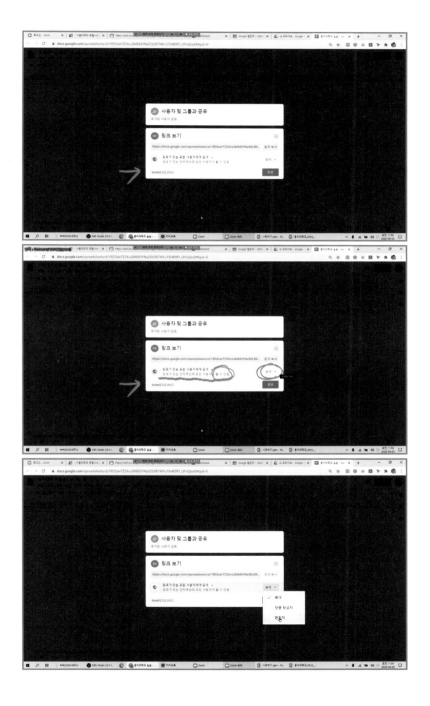

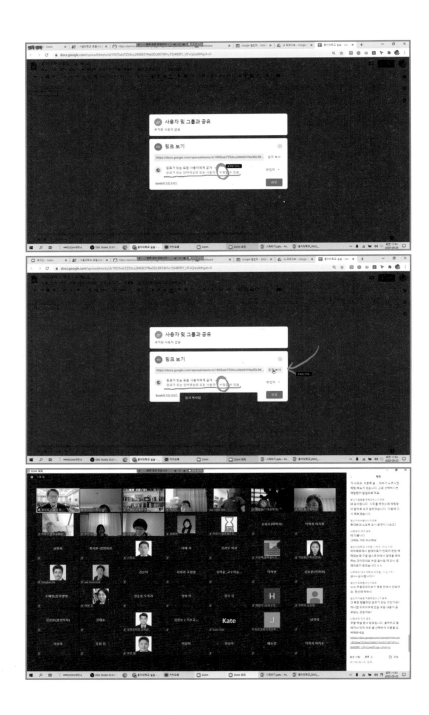

이 상태로 링크를 복사하고요. 이걸 붙여주면 돼요. 완료!

그러면 다시 줌. 채팅창을 열고, 구글 엑셀 문서 링크입니다. 클릭하고 들어가서 각자 아무 셀이나 선택해 이름을 입력해주세요.

그 사이에 이승희 교수님의 질문이 있었어요."

👤 "특정 템플릿만 공유가 되나요? 아니면 드라이브에 있는 모든 내용이 공유되나요?"

👨 "제가 문서 만든 것만 공유됩니다. 다른 건 공유가 안 돼요. 일단 제 링크로 들어오세요.

이름 엄청 많이 쓰셨네요. 글씨 크기, 글꼴 다 바꿔보세요. 모든 게 다 가능합니다. 우리가 아는 엑셀 기능의 90%는 적용되는 거 같아요.

그리고 스마트폰에 구글 드라이브 앱이 설치돼 있으면 스마트폰으로도 작성할 수 있습니다. 제가 다른 거 하나 보여드릴게요.

여기 상단에 이름 적혀 있는 친구들이 동시에 작성한 겁니다. 그런데 이 친구들이 전원 다 스마트폰으로 한 겁니다. 작년 코로나가 없을 때 교실에서 공유했더니 그 자리에서 20분 만에 이 모든 내용을 작성한 거예요. 자, 그러면 각자 자기 내용들을 작성하면서 동시에 다른 팀들 것을 보겠죠. 그럼 이런 일이 벌어집니다. "저기는 소셜 마케팅 팀이 있어. 이게 되게 중요해. 우리도 따라 하자." 그래서 그 아이디어를 가져와서 반영하고요.

복지, 사내 카페, 복리후생 이런 아이디어를 공유할 수 있는 겁니다. 아래의 탭을 보실까요?

시트 1, 2, 마지막에 최종안이 만들어지면 완성 버전이에요. 다른 팀 것까지 참조해서 가장 이상적이라고 생각하는 자신들의 스타트업의 조직도를 구상해보는 수업을 한 겁니다.

이때 편집자 모드는 매우 위험할 수 있습니다. 누군가가 내용을 모두 삭제해버릴 수도 있으니까요. 학생들이 한꺼번에 다 지워버릴 수 있으니까 주기적으로 백업해주시는 것이 좋습니다. 실습은 따로 안 할게요. 해 보시면 너무 쉬워요."

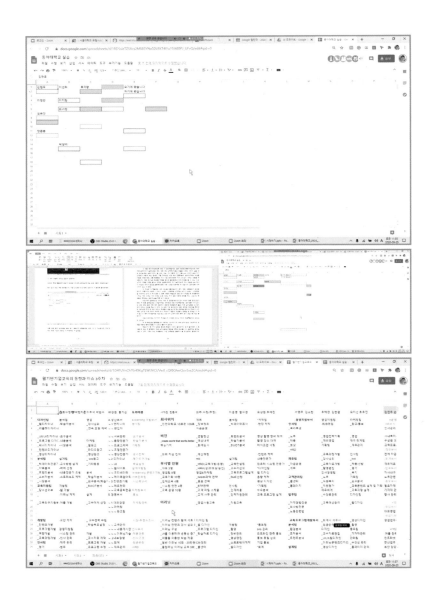

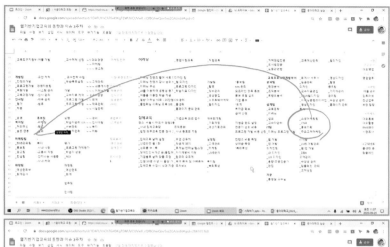

구글 프레젠테이션 공유하기

👨 "제가 만든 구글 프레젠테이션을 공유해볼게요. 일반 파워포인트와 똑같아요.

1단계, 제목을 입력합니다.

2단계, 우측 상단의 [공유] 버튼을 누른 후 링크가 있는 모든 사용자로 변경을 선택하고 뷰어를 편집자로 바꿔주고요.

Enter 를 누르면 슬라이드가 늘어나겠죠. 계속.

아무 데나 선택해서 본인의 이름을 쓰세요. 이미지도 넣어보세요.

이렇게 자기 이름을 쓰고, 이미지를 넣고, 자기 소개하고 이렇게 하는 겁니다. 그럼 교수님은 이걸 하나 만들어놓고, 슬라이드마다 학생들의 이름을 써놓으세요. 그럼

학생들은 자기 이름 슬라이드로 가서 교수님이 시키는 내용을 작성합니다. 그럼 교수님은 학생들의 작업을 동시에 훑어보면서 각자 진도를 볼 수 있는 거죠. 심지어 이걸로 시험도 볼 수 있어요. 오픈북이라면, 자기 슬라이드에 가서 내용을 쓰는 겁니다. 컨닝의 의미가 없겠죠. 오픈북이라면…. 이런 식으로 응용하실 수 있습니다."

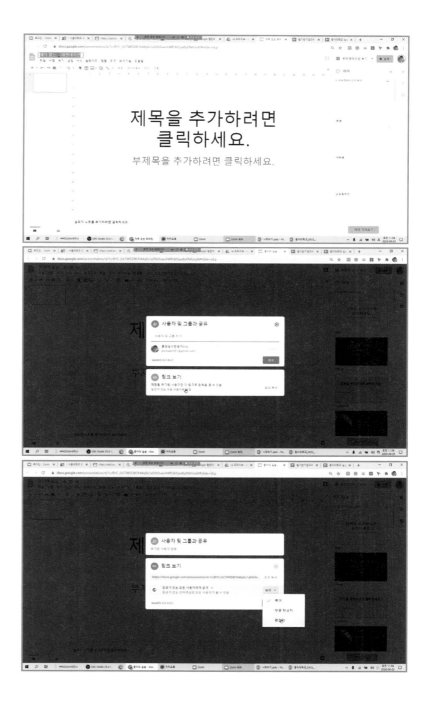

구글 문서 만들기

👨 "자, 하나만 더 해볼게요. 워드 문서를 만들겠습니다.

먼저 제목은 '성평등인가, 양성평등인가'. 이렇게 한 다음에 1. 이슈 2. 논점 1 - 성평등을 비판하는 논거 3. 논점 2 - 양성평등을 비판하는 논거. 4. 추가 질문 5. 결론 이렇게 해놓으면 공동 문서 작성할 때 학생들에게 시키는 거죠. 누구는 이슈, 누구는 논점, 누구는 추가 질문 이렇게 공유하는 겁니다. 학생들은 해당되는 곳에 작성하면 됩니다.

이걸 제가 알려드리는 이유는 이런 게 없으면 문서 작성이 엄청 혼란스럽거든요. 자, 링크를 올려드렸으니 연습하세요. 아무 데나 내용을 작성해보세요. 학생들은 이런

주제에 예민하기 때문에 교수님들은 손 대지 않고 코푸는 수업을 하실 수 있습니다. 교수님은 가끔 들어오셔서 빨간 펜으로 피드백해주세요. 일주일에 한두 번 정도…. 반드시 학생들은 글을 쓸 때 항상 출처를 옆에 표기하라고 시키세요. 이것의 장점이 뭐냐면, 동시 작성이기 때문에 학생들이 표절을 잘 못해요. 안 하게 됩니다. 뻔히 다 알잖아요 서로 보고 있으니까. 항상 출처 표기 연습시킬 때 좋습니다. 구글 드라이브는 여기까지 하겠습니다."

"이재훈 교수님, 마이크 연결해볼까요? 어떠세요, 교수님?"

"네, 잘 들었고요. 플랫폼을 잘 이용하고 있는데 이게 구글 드라이브도 가능하

지만, 링크를 채팅창 통해 전달할 수 있으니 좋은 거 같네요."

"맞습니다. 한 가지 단점은 중간에 학생이 나갔다 들어오거나 늦게 들어오면 그 링크를 못 보는 것이에요. 매번 늦게 들어온 학생을 위해 링크를 다시 올려주는 문제는 있어요. 그래서 저는 학생들하고 수업 단톡방을 만들어 둘 다 올려요. 줌에다가도 올려주고 카톡방에다가도 올려줍니다."

"채팅창 저장은 자동으로 되나요?"

"호스트는 채팅을 자동 저장되도록 줌 홈페이지 설정 메뉴에서 미리 설정해두실 수 있습니다. 참가자들은 채팅창에서 [채팅 저장] 버튼을 눌러 저장하면 됩니다. 그런데 이때도 링크 올려준 후에 학생이 들어오면 그 학생은 링크를 볼 수가 없어요. 이 점에 유의하시기 바랍니다."

Unit 03

교수님들이 가장 좋아하는 퀴즈 게임 앱, 소크라티브

이번에는 소크라티브 앱을 배워보겠습니다. 소크라티브는 교수님들이 가장 좋아하는 퀴즈 게임 앱입니다. 소크라티브는 먼저 앱을 다운로드하셔야 해요. 모두 스마트폰을 열어 소크라티브 앱을 설치해주세요. 선생님용, 학생용이 있는데, 지금은 일단 학생용만 다운로드하세요.

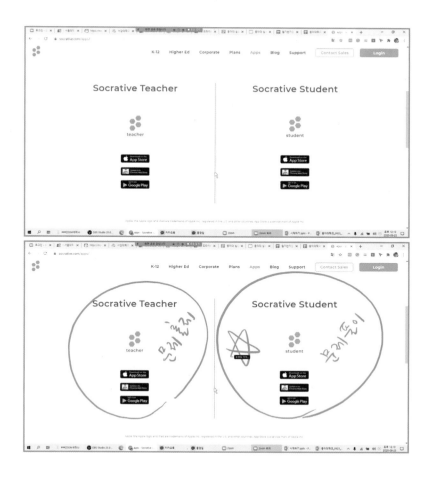

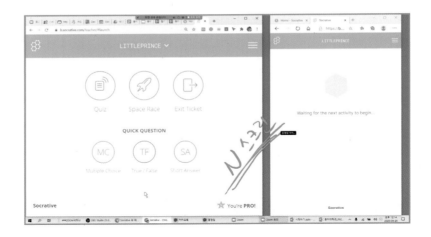

선생님용은 문제를 출제하는 앱이고요, 학생용은 문제를 풀이하는 앱입니다.

다운로드하면 나오는 첫 화면

"다운로드하면 'Student Login'이라고 뜹니다.

그러면 여기에 'LITTLEPRINCE'라고 입력하세요. 이게 제 소크라티브입니다. 이렇게 입력하고 [참가(join)] 버튼을 누르면 '대기 중(waiting for ...)'이라고 뜹니다."

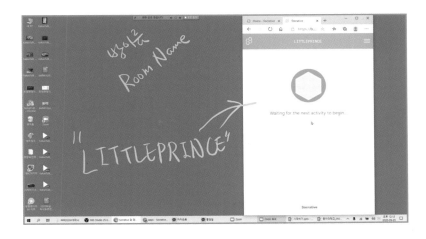

선생님용과 학생용 비교

선생님용과 학생용을 비교하기 위해 동시에 띄워볼게요. 선생님용과 학생용을 동시에 같은 브라우저로 들어가면 오류가 뜨더라고요. 충돌이 일어납니다. 그래서 브라우저를 다른 걸 써야 해요.

이메일 주소와 비번을 입력한 후 로그인하면 선생님용 웹사이트가 뜹니다.

소크라티브는 노트북이나 스마트폰 둘 다 쓸 수 있어요. 화면은 거의 같습니다. 이렇게 다른 기기에서 같은 인터페이스를 제공하는 걸 'N스크린'이라고 하죠. 스마트폰, 태블릿, PC에서 제공하는 인터페이스가 거의 같아서 같은 환경이라고 생각하고

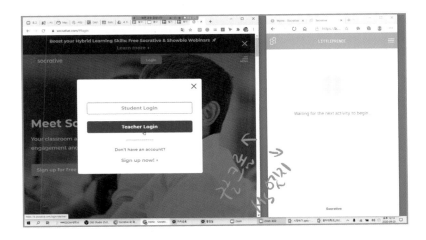

Unit 03 — 교수님들이 가장 좋아하는 퀴즈 게임 앱, 소크라티브　　233

작업할 수 있습니다."

퀴즈 출제와 점수 처리

"그럼 제가 지금까지 만든 퀴즈들을 제공하겠습니다. [퀴즈] 버튼을 누른 후 이 중에 '감동 교수 전략'을 해볼게요. [넥스트] 버튼을 클릭합니다.

옵션은 세 가지가 있는데요. 인스턴트 피드백, 오픈 내비게이션, 이거는 학생들이 자기 페이스로 문제를 푸는 겁니다. 자, 그런데 이 티처 페이스드는 선생님이 문제를 하나씩 넘겨줘요. 이 차이를 잘 기억해주세요. 인스턴트는 기회가 한 번, 답을 못

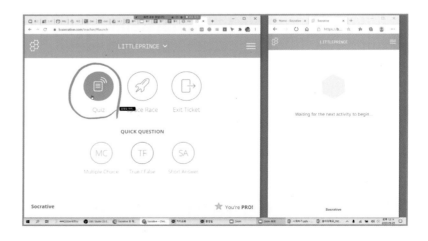

고쳐요. 오픈 내비게이션은 수정할 수 있습니다. 답을 고칠 수 있는 게 오픈 내비게이션…. 우리는 티처 페이스드로 한 번 해볼게요. 이걸 누른 다음 세부 옵션에서 Require name 등을…. 그럼 학생들의 화면에는 이름을 입력하라고 뜰 겁니다."

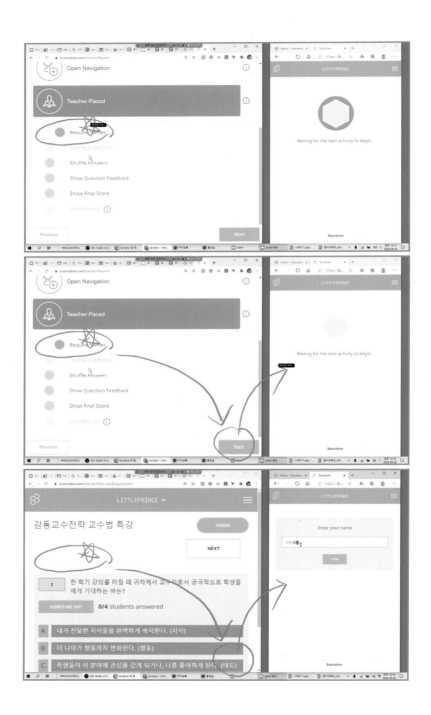

학생용에 들어가서 'Enter your name'에 이름을 입력합니다. 학생들에게는 실명으로 입력하라고 하는 것이 좋겠죠? 입력하시면 스마트폰에 문제가 뜹니다.

그다음에 제가 출제한 문제가 스마트폰에 뜨죠. 왼쪽은 선생님 화면, 오른쪽은 학생 화면입니다. 모두 응답해주세요. 스마트폰에서 응답을 하면 다시 육각형 모양이 뜨면서 대기 상태로 바뀌어요.

그럼 학생들이 응답한 결과는 선생님 화면으로 봐야 됩니다. 왼쪽에 'How'd We Do?' 라고 쓰여 있는 주황색 버튼을 누르면 빨간색 막대 그래프가 나옵니다.

현재 31명 참여, 24명이 응답했다. 이렇게 실시간으로 나타납니다. 되게 좋아요. 학생들 반응을 퍼센트로도 볼 수 있고요.

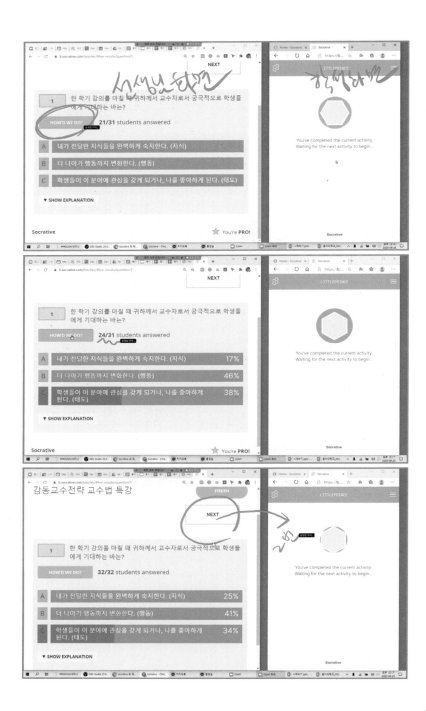

자, 그럼 두 번째 문제로 넘겨볼까요. [넥스트] 버튼을 클릭하면 학생들에게 2번 문제가 뜰 겁니다.

교수님들께서 만약 사기꾼에게 속는다면 A 전략을 쓰는 사기꾼에게 속을까요, B 전략 사기꾼에게 속을까요? 선택해주세요. 압도적으로 A가 많네요. 제가 이 질문을 각계각층의 여러 직업군에게 물어봅니다. 그러면 70~80% 정도로 A를 선택하는 직업군은 유일한데요, 교수들입니다. 실제로 사기꾼들이 쓰는 전략은 B입니다. 여기에 놀라운 인간의 심리가 있는데요, 사기꾼은 실제로 B 전략을 쓰지만, 사기 당한 사람은 자기가 A 전략으로 사기를 당했다고 믿어요. 그렇게 믿어야 사기를 당하게 될테니까요. 그래서 교수들이 사기를 많이 당하는가봐요.

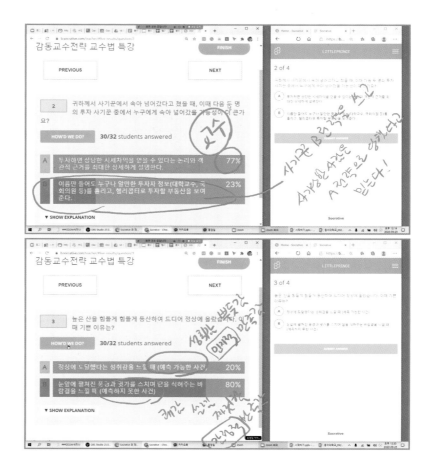

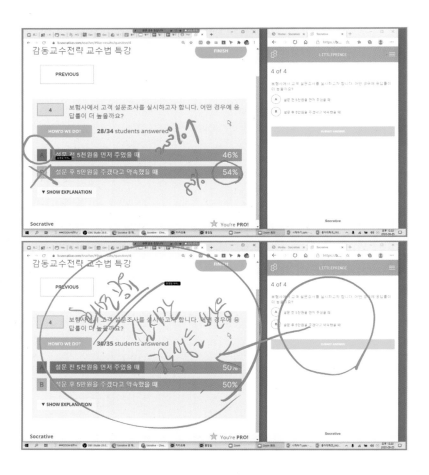

다음으로 세 번째 문제입니다.

다음은 네 번째 문제입니다.

이런 것들을 학생들하고 수업을 하면서 학생들이 반응하고 실시간으로 화면을 공유해서 프레젠테이션하면서 이야기를 풀어가는 겁니다.

이거 주관식도 가능하고요. OX도 가능합니다. 소크라티브가 더 대박인 거 보여드릴게요.

이제 다 끝났습니다. [FINISH] 버튼 눌러볼게요.

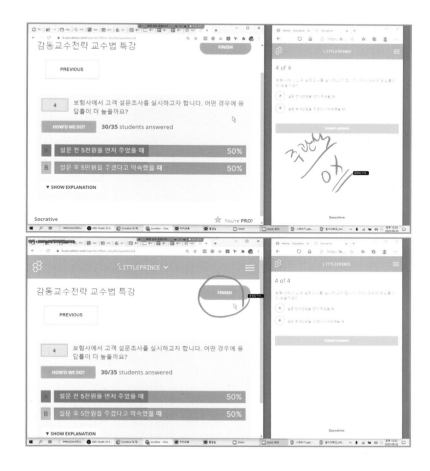

자, 그러면 이거예요. Show Name, Show Answer. 누가 맞고 누가 틀렸는지 한눈에 비주얼라이즈해서 보여줍니다. 정·오답 현황을 시각화해 보여주는 거죠. 이게 진짜 대박입니다.

문항별 정답률, 학생별 점수…. 중간에 한 번 튕겨나갔다 다시 들어오시면 이렇게 두 줄 세 줄 생기기도 합니다. 나중에 합쳐서 보시면 돼요.

그럼 [Export] 버튼을 눌러 result(결과)를 엑셀로 다운로드하거나, 이메일로 보내거나, 구글 드라이브에 저장할 수 있습니다.

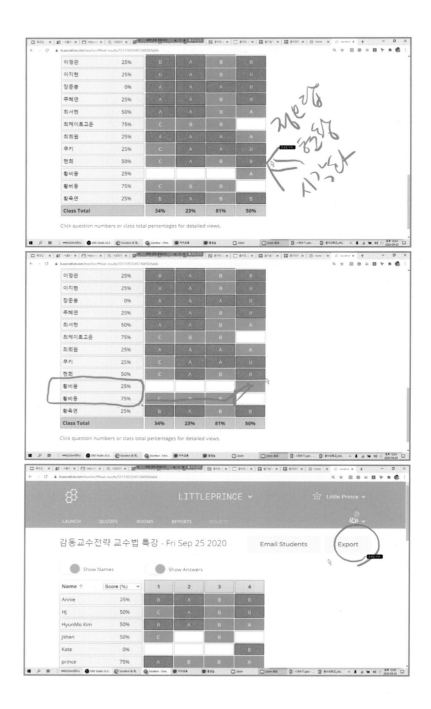

다운로드하면 교수님 컴퓨터에 백업되겠죠. 엑셀 파일을 열어보겠습니다. 점수도 나오고 다 됩니다.

근데 이거는 학생들이 유저 네임을 입력하라고 할 때 학생들이 입력한 이름으로 기록이 남아요. 학생들이 이름을 거짓말로 입력하면 안 되겠죠. 그래서 저는 항상 학번, 이름을 쓰라고 합니다. 그래야 근거가 되니까."

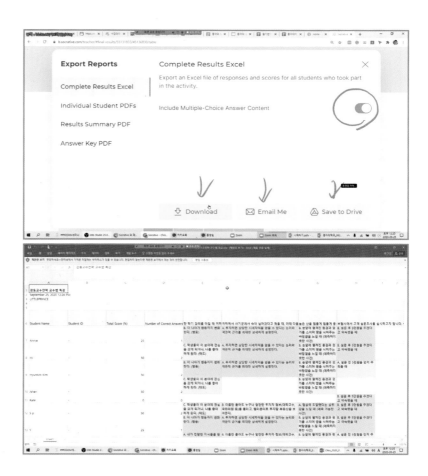

퀴즈 내기

👨 "퀴즈 내는 건 되게 쉬워요. 오른쪽 퀴즈 메뉴에 가서 애드 퀴즈, 크리에이트를 해도 되고, 임포트는 다른 사람이 만든 걸 받을 수 있어요. 학생한테 받을 수도 있고, 교수끼리 공유할 수도 있어요. 그럼 여기선 크리에이트를 눌러볼게요. 얼마나 쉬운 지 볼까요?

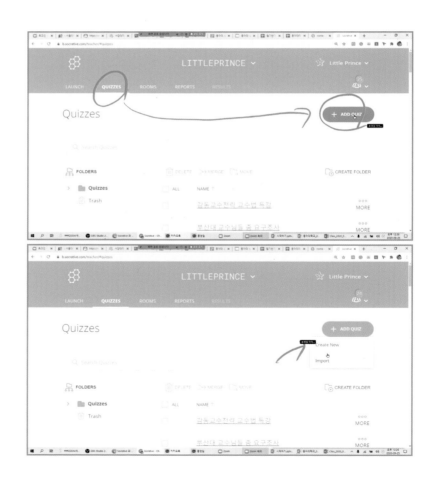

먼저 문제 Title을 입력합니다. '아재개그'라고 해볼까요?

문제의 유형은 Multiple Choice, True/False, Short Answer의 세 가지입니다.

객관식-Multiple Choice를 누르고 문제 입력합니다. 정사각형 동생 이름은? 정사각, 정삼각 이렇게 2개만 해볼까요.

정답 체크해주고. 이미지도 넣을 수 있는데요. 문제 이미지는 무료 버전에서도 가능하지만 보기별 이미지 삽입은 유료 버전에서만 가능합니다.

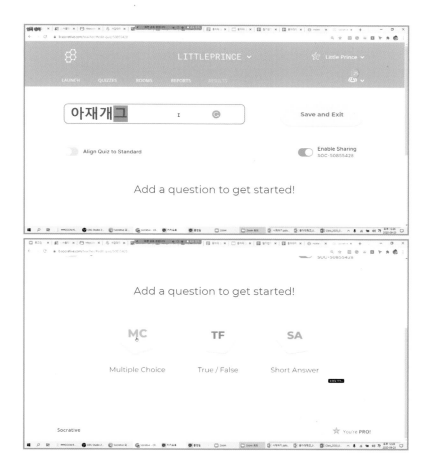

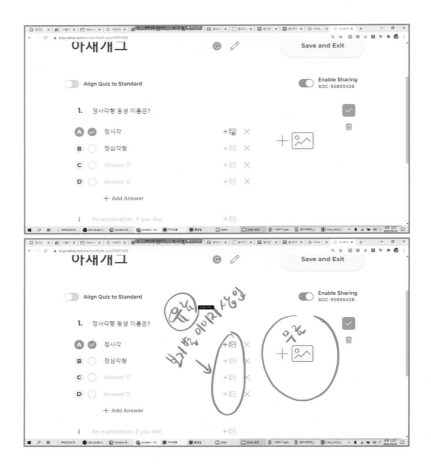

간단한 수식을 입력할 수도 있습니다. 위첨자, 아래첨자, 인서트 수식, 이퀘이전도 넣을 수 있고요. 수학도 쓰실 수 있습니다.

문제 설명도 넣을 수 있는데, 이건 넣어도 되고 안 넣어도 됩니다.

이렇게 문제 넣고 [Save & Exit] 누르면 끝!

소크라테스가 아니고 소크라티브입니다. www.socrative.com 웹으로 들어가셔서 하시면 됩니다."

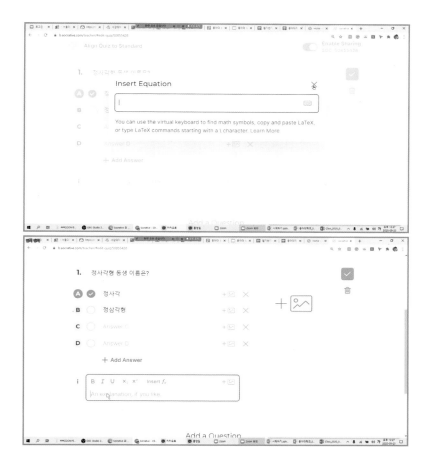

😊 "학생들은 50명까지만 참여 가능한가요?"

😎 "무료 버전은 인원 제한이 있을 거예요. 여기 홈페이지의 플랜을 보시면 무료는 50명, 저는 이거 가입했습니다. 그래서 한 번에 200명까지. 방도 20개 만들 수 있고요. 100달러는 1년 페이입니다. 60달러 짜리는 여전히 50명입니다. 대학교는 수강생이 많으니까 저는 이걸 결제했어요."

Unit 04

학생들이 가장 좋아하는 퀴즈 게임 앱, 카훗

"이번에는 카훗 앱을 배워보겠습니다. 카훗은 교수님들보다 학생들이 더 좋아하는 퀴즈 게임 앱입니다.

교수자 또는 발표자는 kahoot.com에서 문제를 출제하면 되고요, 학습자는 kahoot.it으로 퀴즈에 참가하면 됩니다. Kahoot 앱이 있어서 교수자와 학습자 모두 스마트폰으로 문제를 출제하거나 참가할 수도 있습니다.

카훗 앱을 학생들이 더 좋아하는 이유로는 '화려한 배경음악(BGM)'을 꼽을 수 있습니다. 이로 인해 역동적인 수업 분위기를 연출할 수 있기 때문입니다. 그뿐만 아니라 퀴즈 문제마다 응답 시간을 설정할 수 있어서(5초 10초, 20초, …, 최대 4분)까지 설정할 수 있어서 스릴감을 더할 수 있습니다. 더욱이 한 문제 한 문제 풀 때마다 실시간 순위를 제공해 경쟁 분위기를 연출합니다.

학생들이 너무 좋아하고, 그래서 매 수업시간마다 살짝 지루해지려고 하면 학생들은 "오늘은 카훗 안 해요?"라고 먼저 물어볼 정도로 학생들이 먼저 반응하다 보니 가르치는 사람도 카훗을 좋아하지 않을 수가 없겠죠?

카훗 www.kahoot.com

☑ 교수자(발표자)는 kahoot.com 에서 문제 출제
☑ 학습자는 kahoot.it(웹브라우저) 또는 kahoot앱으로 참가
☑ 화려한 배경음악 제공으로 역동적 분위기 연출
☑ 실시간 순위 제공으로 경쟁 분위기 연출
☑ 가장 많은 학생과 교사들이 최애하는 교육용 퀴즈게임 앱

카훗의 단점은 무료 버전에서 객관식 선다형 문제만 출제할 수 있다는 것입니다. 주관식을 출제할 수가 없다는 점 때문에 교수님들이나 선생님들께서 소크라티브를 더 좋아하시는 경향이 있는 거죠. 소크라티브에서는 주관식을 출제할 수 있을 뿐 아니라 문제에 시간 제한을 두지 않고 배경음악도 없어서 진지하게 퀴즈 활동을 진행할 수 있으니까요.

카훗 앱을 스마트폰에 설치하는 방법부터 설명드리겠습니다(PC에서는 kahoot.com 으로 접속하시면 됩니다).

먼저 플레이스토어(안드로이드폰) 또는 앱스토어(아이폰)에서 카훗 앱을 다운로드합니다. K! 모양의 앱이 설치됩니다. 카훗 앱은 스마트폰에 처음 설치하고 실행하면 교사인지, 학생인지 등의 신분을 묻고, 몇 살인지를 묻기도 합니다. 이러한 과정은 형식적인 거라 생각하시고 가볍게 응답해 넘어가시면 됩니다. 중간중간에 유료 회원 가입하라는 메시지가 나타나는데, "Thanks, maybe later."를 선택하시고 넘기시면 됩니다. 몇 번 사용해보시고 마음에 들면 나중에 유료 회원으로 가입하셔도 좋습니다.

카훗 메인 페이지가 뜨면, 카훗의 메뉴들이 화면 아래에 나타납니다. 왼쪽부터 Home, Search, Enter Pin, Create, My Game의 순서대로 총 5개의 버튼이 있습니다. 학생들은 퀴즈 출제자가 퀴즈를 시작하면 메뉴 가운데에 있는 [Enter Pin]을 클릭한

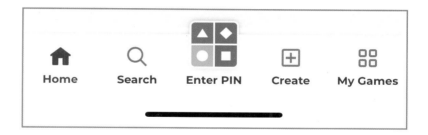

후 스크린에 제시되는 숫자(Pin Number)를 입력하고 자신의 이름 또는 닉네임을 입력하고 퀴즈를 시작합니다.

교수자 또는 발표자는 PC에서는 create.kahoot.it 주소로 들어가거나 스마트폰

✎ Note 카훗 무료 버전의 제약은 단점이 아닌 장점

무료 계정(Kahoot Basic)은 한 번에 50명까지 참가할 수 있고, 문제 유형도 객관식 선다형 보기는 최대 4개까지만 출제할 수 있다는 제한이 있습니다. 그런데 이 제약이 단점이라기보다는 오히려 이렇게 단순하기 때문에 전 세계에 있는 많은 학생과 선생님이 열광하는 것이기도 합니다. 요즘 트렌드이기도 한 단순함의 미학이라고 할 수도 있지 않을까 생각합니다.

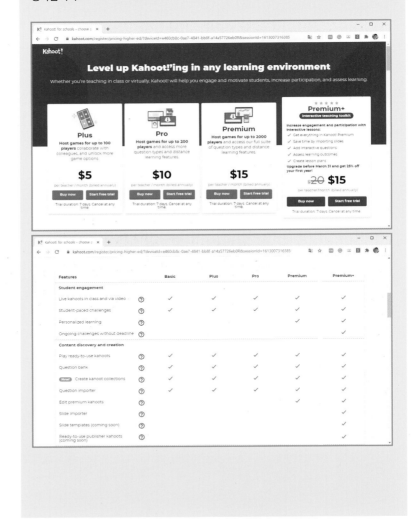

Kahoot 앱에서 문제를 출제하면 됩니다. 출제를 하기 위해서는 먼저 회원 가입을 해야 합니다. 학생들은 로그인할 필요가 없습니다. 학생들은 선생님이 카홋 퀴즈를 실행할 때 제시되는 Game Pin 번호를 입력하면 퀴즈에 참여할 수 있습니다.

회원 가입(Sign up)은 이메일 주소와 비밀번호 설정만 하면 간단하게 끝마칠 수 있습니다. 회원 가입할 때 다음과 같이 신분을 묻지만, 어떤 걸 선택해도 상관은 없습니다만, Teacher를 선택하시고 이후 과정을 진행하는 것이 좋습니다.

다음 화면이 제가 로그인한 화면입니다. 우측 상단의 [Create] 버튼을 누르면 문제를 바로 출제할 수 있습니다.

[Create] 버튼을 누르면 다음과 같이 퀴즈를 출제하거나 템플릿을 열어볼 수 있습니다.

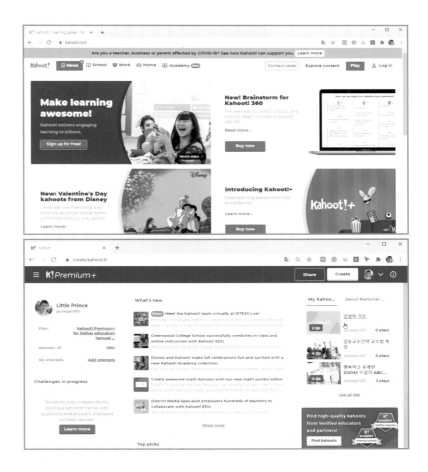

왼쪽 첫 번째에 나타나는 [New Kahoot] – [Create] 버튼을 누르고 문제를 출제합니다.

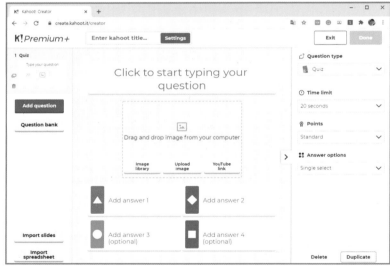

화면 상단의 [Enter kahoot title...] 박스에 퀴즈의 타이틀을 입력합니다. 타이틀 입력 칸에 마우스를 클릭하면 다음과 같은 팝업 창이 뜹니다. 저는 '아재개그'라고 입력해보겠습니다. [Description] 상자에 퀴즈에 대한 간단한 설명을 키워드로 입력하고 [Visibility] 옵션을 [Everyone]으로 선택하면 누구나 검색할 수 있도록 설정하는 것입니다. 이렇게 하면 누구든지 제가 출제한 퀴즈를 검색해 가져갈 수 있습니다. 화면 오른쪽에 Cover Image를 넣을 수도 있습니다. 타이틀 입력을 마쳤으면 화면 하단에 있는 [Done] 버튼을 눌러 팝업창을 닫습니다.

1번 문제부터 출제해보겠습니다. "딸기가 회사에서 잘리면?" 이렇게 문제를 입력하고, 보기는 최소 2개에서 최대 4개까지 입력할 수 있는데, 저는 3개만 입력해보겠습니다. (1) 딸기시럽 (2) 딸기잘림 (3) 불쌍한 딸기. 그리고 (1)번 딸기시럽을 정답으로 체크하겠습니다. ㅎㅎㅎ 재밌죠? 아, 그리고 문제를 텍스트뿐 아니라 이미지나 영상을 업로드해 그림을 보고 맞추게 할 수도 있습니다. 세 가지 방법이 있는데, 첫 번째 [Image Library]을 선택하면 카훗에서 이미지를 검색해 가져올 수 있습니다. 두 번째 [Upload Image]을 선택하면 내가 갖고 있는 사진을 올릴 수 있고, 세 번째 [YouTube Link]을 선택해 영상을 탑재할 수도 있습니다.

세 번째 옵션인 YouTube Link를 탑재할 때는 동영상의 어느 시점부터 어느 시점까

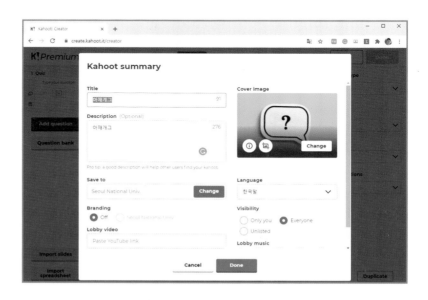

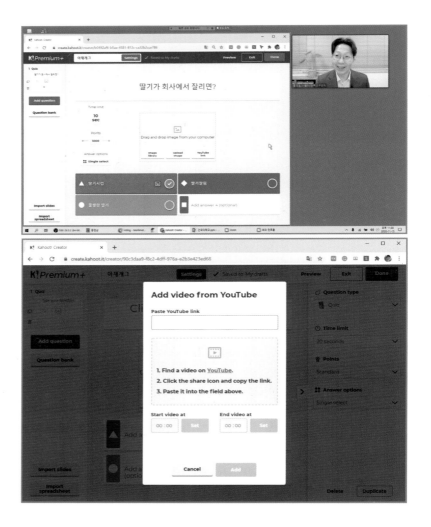

지 보여줄 것인지 타임코드를 설정(Crop)할 수 있습니다.

퀴즈 출제 화면의 좌측에 문제 응답 제한 시간(Time limit)을 설정할 수 있습니다. 최소 5초에서 최대 4분까지 설정할 수 있습니다. 이외에 포인트(문항 당 점수)도 설정할 수 있습니다.

첫 번째 문제 출제를 마쳤으면, 화면 왼쪽 상단의 [Add question]을 눌러 두 번째 문제를 입력합니다. [Add question] 버튼을 누르면 제시되는 유형 중 하나를 선택한 후 동일한 방식으로 문제를 계속 입력해나갑니다.

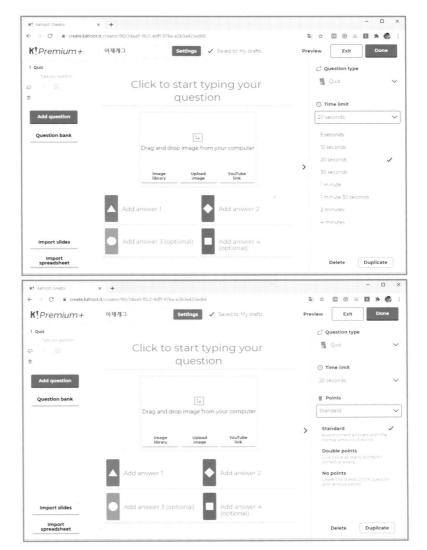

저는 두 번째 문제로 "정사각형의 동생 이름은?"을 입력했고, 선택 보기 4개를 입력한 후에 정답으로는 '정사각'을 선택했습니다. 정사각형은 정사각의 형이니까 정사각형의 동생 이름은 정사각이죠. 재밌네요. ㅎㅎㅎ

이렇게 두 문제만 출제해볼까요? 문제를 모두 출제했으면 화면 우측 상단의 [Done] 버튼을 누르고 퀴즈 출제 화면을 빠져나갑니다.

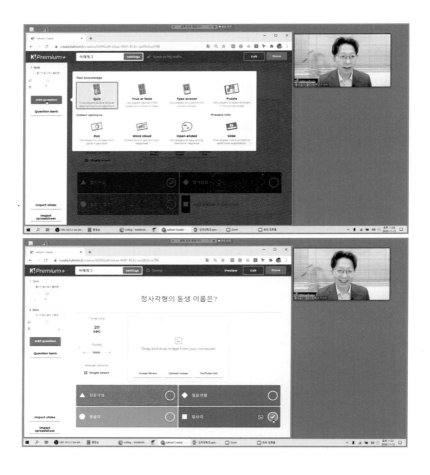

화면 왼쪽에 제시되는 메뉴들 중 가장 위에 있는 [My Kahoots]로 들어가면 지금까지 제가 출제했던 퀴즈들이 제시되는 것을 볼 수 있습니다. 맨 위에는 방금 출제한 '아재개그' 두 문제가 있습니다. 초록색 [Play] 버튼을 눌러 바로 퀴즈 게임을 시작할 수도 있고, [Edit]을 눌러 다시 편집할 수도 있습니다.

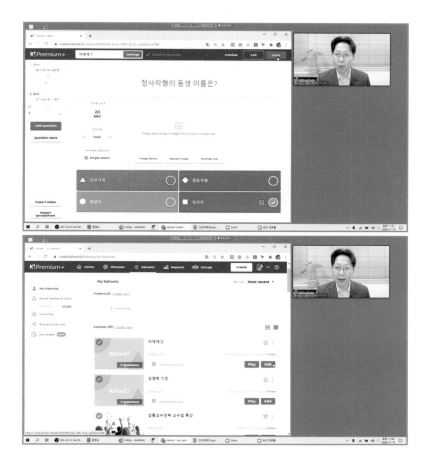

인터넷 창을 2개 띄웠습니다. 왼쪽은 퀴즈 출제자의 화면(http://create.kahoot.it), 오른쪽은 학생들의 화면(http://kahoot.it)입니다.

오른쪽에 띄운 학생들이 보는 화면을 보시면, 가운데에 Game Pin 입력칸이 나타나 있습니다. Game Pin은 출제자가 [Play] 버튼을 누르고 퀴즈를 시작하면 나타납니다. 학생들은 그때 이 번호를 보고 입력하면 됩니다.

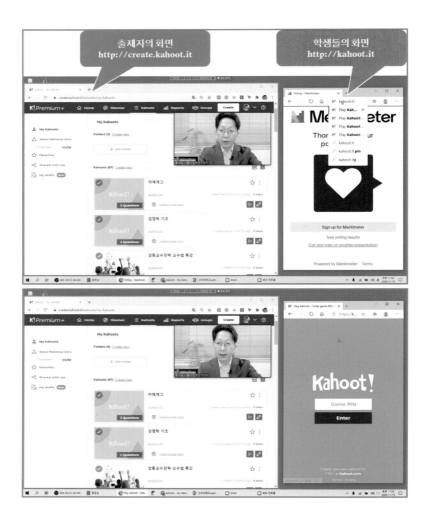

출제자가 [Play] 버튼을 누르면 퀴즈가 바로 시작되는 것이 아니라 다음과 같이 두 가지 출제 옵션 중 하나를 먼저 선택해야 시작됩니다.

퀴즈 출제 옵션 두 가지 중에서 왼쪽의 [Teach] 모드는 퀴즈를 실시간으로 진행하는 것입니다. 출제자는 교실 또는 화상수업을 하면서 스크린에 문제를 띄워주고 학생들은 교수님이 띄워준 퀴즈 화면을 보고, 자신의 스마트폰이나 PC에서 퀴즈의 정답을 맞춥니다. 오른쪽의 [Assign] 모드는 학생들이 집으로 가서 각자 편안한 시간에 퀴즈를 푸는 옵션입니다.

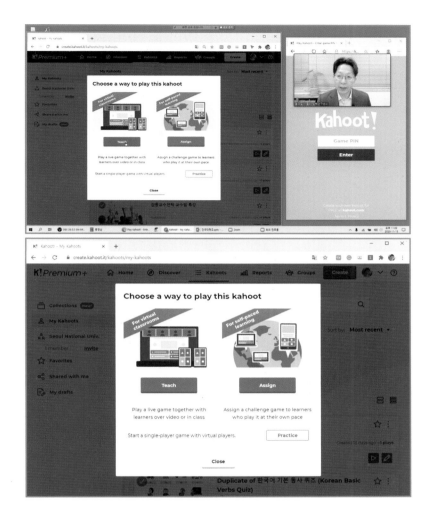

자, 그러면 지금은 실시간으로 문제를 푸는 [Teach] 모드를 선택해 들어가보겠습니다. 두 가지 옵션 중 하나를 선택하게 돼 있는데요, Classic 옵션은 학생들이 모두 하나씩 스마트폰이나 PC를 갖고 있을 때 선택하시면 되고, 두 번째의 Team mode 옵션은 서너명의 학생들이 하나의 팀으로, 하나의 기기를 갖고 참여할 때 선택하시면 됩니다. 우리가 온라인 비대면으로 화상수업을 하는 중이라면 모든 학생이 노트북이나 스마트폰으로 수업에 참여하고 있는 중이므로 Classic 옵션을 선택하시면 됩니다.

Classic 옵션을 선택해 들어가면 Game Pin 번호가 화면에 큼지막하게 제시됩니다. 그러면 학생들은 자신의 화면에서 Game Pin 번호를 입력합니다.

학생들은 Game Pin 번호를 입력한 후에 자신의 닉네임을 입력합니다. 저는 '어린왕자'라고 입력해봤습니다.

학생이 자신의 닉네임을 입력하면 출제자 화면에 그 이름이 나타납니다. 출제자의 화면에 '어린왕자'라는 참가자의 이름이 나타난 것을 볼 수 있습니다. 이때 학생의 화면에는 "You're in! See your nickname on screen?"이라는 메시지가 떠 있습니다.

이런 방식으로 제가 갖고 있는 스마트폰과 태블릿을 총동원해 다음과 같이 세 명의 참가로 접속해봤습니다.^^ 출제자의 화면 왼쪽 위에 숫자 '3'이 제시된 것을 볼 수 있

6부

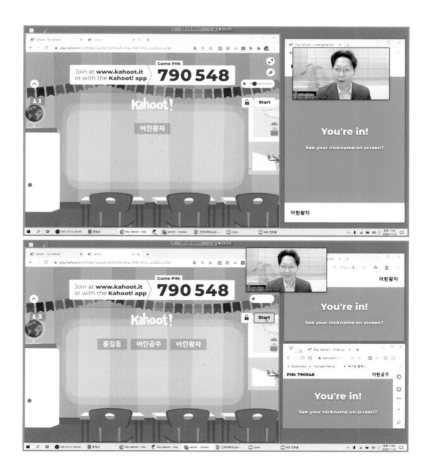

습니다. 참가자가 몇 명 접속했는지를 실시간으로 보여주는 숫자입니다.

자, 이제 출제자의 화면에서 우측 상단의 [Start] 버튼을 눌러 퀴즈 게임을 시작하겠습니다. 그러면 잠시 '로딩 중'이라는 화면이 떴다가 곧 1번 문제가 시작됩니다.

다음 화면과 같이 출제자의 화면에는 문제와 보기가 제시되고, 왼쪽에 제한 시간 10초가 카운트다운되는 모습이 제시됩니다. 동시에 역동적인 BGM 사운드 효과가 나오고 있어서 학생들의 긴장감이 고조됩니다. 학생들은 10초 안에 자신이 생각하는 빨리 정답을 눌러야 합니다. 이때, 학생들의 화면에는 선택지만 나타나고, 문제는 출제자의 화면에만 나타납니다. 여기서 중요한 점은 학생들은 반드시 출제자가 공유해주는 화면을 쳐다봐야만 한다는 것인데요. 학생들이 한눈을 팔지 못하고 출제자의

화면에 집중할 수밖에 없도록 만들기 때문이죠.

자, 이제 1번 퀴즈에 대한 응답이 모두 끝났습니다. 3명 중 2명이 맞추고 1명이 틀렸네요(물론 제가 혼자서 1인 3역 하면서 연출한 거에요. ㅋㅋㅋ).

자, 여기서 재미있는 포인트가 있습니다. 이렇게 첫 번째 퀴즈를 마친 후에 출제자가 화면 우측 상단의 [Next] 버튼을 누르면 1번 퀴즈의 결과 화면이 점수와 함께 제시됩니다. 홍길동이 915점, 어린공주가 800점이네요. 둘다 정답을 맞췄는데, 왜 점수 차이가 벌어졌을까요? 맞습니다. 빨리 정답을 맞출수록 점수가 높아집니다. 학생들이 이 사실을 깨닫는 순간, 갑자기 흥분하면서 열광하기 시작합니다. "아하, 이게 빨리 맞춰야 되는 거구나. 정답을 맞추는 것도 중요하지만 빨리 맞출수록 점수가 높아지

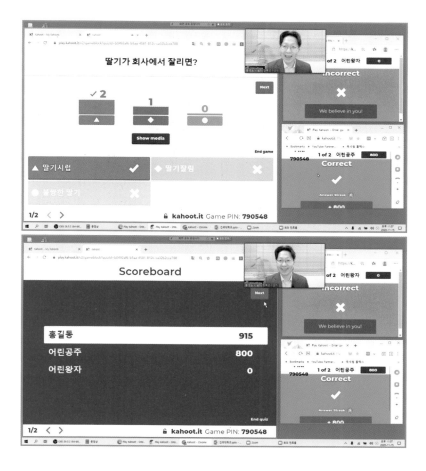

는군! 와우!"

우측 상단의 [Next]을 누르면 두 번째 문제가 제시됩니다.

자, 이렇게 두 번째 문제까지 풀었습니다.

마지막 문제가 끝난 후에 [Next] 버튼을 누르면 최종 순위가 공개됩니다. 학생들은 웃음이 터지기도 하고, 박수를 치기도 하면서 함께 즐깁니다.

여기서 우측 상단의 [Next] 버튼을 누르면 최종 결과 리포트를 받아볼 수 있습니다.

[Next] 버튼을 누른 후 오른쪽의 [View full report] 버튼을 클릭합니다.

[View full report] 버튼을 누르면 나타나는 화면에서 [Players] 메뉴에 가면 참가자의 점수와 순위 그리고 맞은 문제, 틀린 문제 등 모든 정보를 한눈에 볼 수 있습니다."

교수, 학생 모두 좋아하는
멘티미터

"이번에는 멘티미터 프로그램을 배워보겠습니다. 소크라티브가 정적이어서 교수님들이 더 좋아하고, 카훗은 역동적이어서 교수님들보다 학생들이 더 좋아하는 퀴즈 게임 앱이라고 설명드렸는데, 이 둘 사이의 장점만 가져와서 만든 것이 멘티미터라고 할 수 있습니다.

교수자(발표자)는 mentimeter.com에서 문제를 출제하고, 학습자는 menti.com(웹브라우저) 또는 mentimeter 앱으로 참가합니다. 멘티미터는 파워포인트와 유사한 유저인터페이스(UI)를 제공하기 때문에 매우 익숙하고 직관적이어서 사용하기가 편리합니다. 또한 다양한 종류의 템플릿 제공으로 퀴즈 게임을 하거나 설문조사를 실시할 수 있습니다.

다음은 스마트폰에서 멘티미터 앱으로 접속해 퀴즈게임에 참여하는 참가자 화면입니다. PC에서는 menti.com으로 접속해 참가하면 됩니다. 코드 번호를 입력하기만 하면 누구나 쉽게 참여할 수 있습니다.

참가자는 문제의 답을 입력한 후 [Submit] 버튼을 눌러 제출합니다. 그러면 출제가

멘티미터 Mentimeter

- ☑ 교수자(발표자)는 mentimeter.com 에서 문제 출제
- ☑ 학습자는 menti.com(웹브라우저) 또는 mentimeter앱으로 참가
- ☑ 파워포인트와 유사한 유저인터페이스(UI) 제공으로 직관적
- ☑ 다양한 종류의 탬플릿 제공으로 퀴즈, 설문조사 실시

멘티미터에서 가장 많이 활용되는 워드 클라우드 유형

✔️ **Mentimeter 앱** 📊 Mentimeter

✔ 교수자(발표자)는 mentimeter.com 에 로그인해서 문제 출제

화면에 시각화돼 나타납니다.

출제자는 mentimeter.com에서 회원 가입하고 로그인한 후에 출제하면 됩니다. 회원 가입 후 로그인했을 때의 화면입니다. [Your presentations]을 클릭해 들어갑니다.

지금까지 제가 출제했던 멘티미터 퀴즈들의 목록이 나타나네요. 이 중에서 '행복한 남과 여'라는 제목의 멘티미터로 들어가볼까요?

총 3개의 문제가 제시돼 있는 것을 보실 수 있습니다. 첫 번째 슬라이드에 '내가 가장 행복한 순간은?'이라는 질문이 제시돼 있고, 슬라이드 우측 하단에 708명이라는 숫자가 보이는데, 이것은 응답한 참가자의 숫자입니다. 상당히 많은 사람이 응답했기

때문에 응답된 데이터도 꽤 많습니다. 그야말로 빅데이터인 셈이죠.

우측 상단의 [Present] 버튼을 클릭하면 학생들에게 퀴즈를 시행할 수 있습니다. [Present] 버튼을 누른 후 슬라이드가 전체 화면으로 제시됩니다. 교수님들은 이 화면을 Zoom에서 화면 공유해 학생들에게 보여주시면서 수업을 이끌어가시면 됩니다. 제시되는 화면 상단에 코드 번호가 뜹니다. 이 코드 번호를 학생들이 자신의 멘티미터 앱 또는 menti.com에 입력하면 퀴즈에 참여할 수 있습니다.

학생들은 스마트폰에서 다음 화면과 같이 코드 번호를 입력하고 질문에 응답합니다. 학생이 응답하면, 출제자의 화면에 단어들이 뿌려지는 워드 클라우드의 모습이 전면 재구성됩니다. 그리고 우측 하단에 응답자 인원수가 조금 전에 708명에서 709명으로 한 명 늘어나 있는 것도 확인할 수 있습니다.

또 다른 유형의 퀴즈를 살펴볼까요? 마우스 커서를 화면의 왼쪽 아래로 가져가보면 숨어 있던 메뉴바가 나타납니다. 여기서 오른쪽 화살표를 클릭하면 슬라이드를 다음 문제로 넘길 수 있습니다.

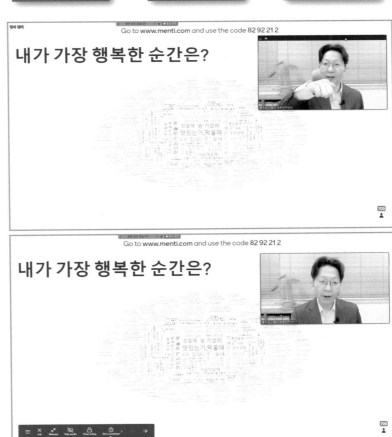

두 번째로 제가 만든 문제는 행복감을 측정하기 위해 3개의 척도를 제시한 것입니다. 학생들에게 자신의 스마트폰에서 각각 삶의 만족도, 긍정정서, 부정정서를 5점 척도로 응답하게 했고, 제 화면에는 그 결괏값이 다음과 같이 제시되는 것을 볼 수 있습니다. 각 항목에 마우스 커서를 가져가보면 응답값의 분포를 확인할 수 있습니다. 긍정정서의 평균값은 3.9점인데, 5점 응답이 70명, 4점 응답이 72명, 3점 응답은 29명 등과 같이 내용을 들여다볼 수 있습니다.

그다음 세 번째 문제로 "오늘 점심 메뉴를 추천해보자."를 워드 클라우드로 해보았는데요, 그 응답들을 보니 돼지국밥, 우동, 밀면, …. ㅎㅎㅎ 어느 지역의 교수님들이신지 감이 오시나요? 딱 보면 알겠죠? 제가 부산대학교 교수님들과 Zoom 워크숍을

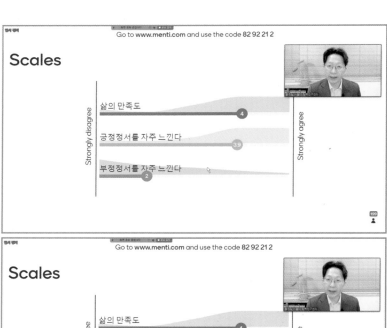

하면서 멘티미터로 실제 했던 응답입니다. 화면 우측 하단에 보시면 71명의 교수님들이 응답하신 것을 볼 수 있습니다. 점심식사로 우동을 제일 많이 드시네요. ^^

자, 그러면 실제로 만드는 과정을 설명드려보겠습니다. 화면 왼쪽 상단의 [Add slide]을 클릭해 빈 슬라이드를 하나 추가합니다.

빈 슬라이드가 만들어지면 그곳에 넣을 퀴즈의 유형을 선택하시면 됩니다. 각 유형에 마우스 커서를 가져가보면 어떻게 시각화되는지 확인해가면서 선택할 수 있습니다.

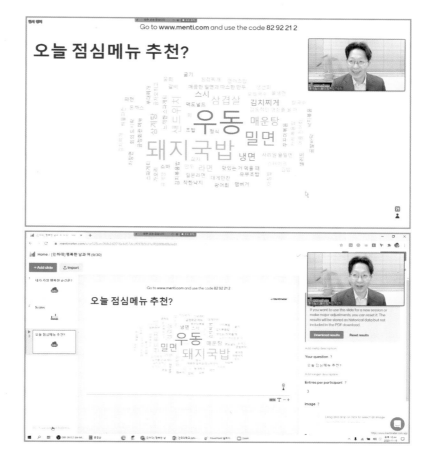

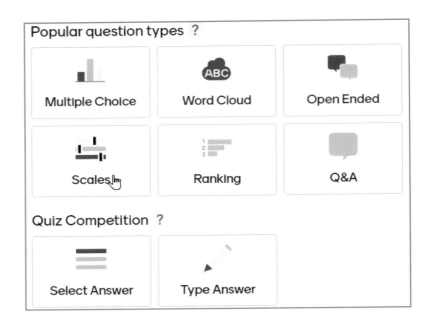

제일 처음에 제시되는 [Multiple Choice]을 선택해볼까요? 우리말로는 객관식 선다형이죠.

유형을 선택하신 후 화면 우측의 [Your question]에 질문을 입력하고, [Options] 항목에 선택지를 입력합니다.

커피 메뉴를 선택하는 질문으로 만들어볼게요. "오후 커피 메뉴 선택하세요"라고 입력했습니다. 선택 보기에는 "아이스 아메리카노", "따뜻한 아메리카노", "카페라떼"를 해보겠습니다.

아, 커피를 안 드시는 분들도 있으니 4번에 생수를 추가해보겠습니다. [+Add another option] 버튼을 누른 후 빈 항목을 추가하고 '생수'를 입력했습니다.

각각 보기에는 이미지도 추가할 수 있습니다. 커피 종류의 이미지를 검색해 추가해

보겠습니다. 이미지만 봐도 커피 한잔 하고 싶네요.

이렇게 선택지 보기를 모두 입력한 후 우측의 설정 창을 밑으로 스크롤해 내려보시면, 결과 화면을 제시하는 유형도 바꿀 수 있습니다. 바(bar), 도넛(donut), 파이(Pie) 등의 형태들이 있네요.

일단 바(bar)의 형태로 해보겠습니다. 그리고 필요한 경우, 정답을 미리 선택해둘 수 있습니다. 설정 화면을 밑으로 내려 [Show correct answers]에 체크 표시를 한 후 정답에 체크해두시면 됩니다. 다만, 커피 메뉴 선택은 취향의 문제이니 정답 없이 가면 되겠죠.

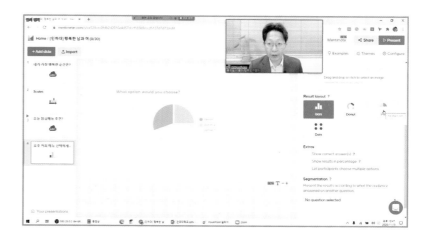

설정을 모두 마쳤다면, 우측 상단의 [Present] 버튼을 눌러 퀴즈를 실행합니다.

다음 화면의 오른쪽 창이 학생들이 menti.com으로 접속한 화면입니다. 여기에서 '뜨아'를 선택한 후 [Submit] 버튼을 누릅니다.

[제출] 버튼 누르니 출제자 화면에 그 응답이 반영돼 '뜨아'에 한 표가 생긴 것을 볼 수 있습니다.

이외에도 다양한 유형의 퀴즈 템플릿을 활용해 진행하시면 역동적인 상호작용을 만들어내실 수 있을 것입니다."

나가며

"마무리해볼게요.

교수가 직접 출제하기보다는 학생들이 출제할 때 학생들도 훨씬 더 잘 배우고, 더욱이 문제를 더 재미있게 구성할 수 있습니다.

다음 그림은 카훗 홈페이지에 올라와 있는 건데요. 학생들은 단순하고 수동적인 학습자에서 게임 플레이어를 넘어 문제를 만들기 위해 자료를 찾고 분석하는 연구자가 되고, 문제를 재미있게 만드는 과정에서 창조자가 되며, 더 나아가 문제를 실행하고 퀴즈 게임을 이끌어가는 교사의 역할을 경험하게 된다는 것입니다. 이러한 과정을 통해 학습자에서 리더로 거듭난다는 의미를 담고 있는 그림인 것이죠.

퀴즈를 만드실 때는 한 번에 3~5문항 정도가 적절합니다. 너무 많아도 지루해질 수 있습니다. 문제의 난이도는 배운 것만으로도 쉽게 맞출 수 있는 문제 1개, 어려운 문제 1개, 재밌는 문제 1개씩 포함시키는 것이 좋습니다. 전반적으로 알쏭달쏭 퀴즈, 재미있고 신기한 정답이 있는 퀴즈, 판단의 오류를 유발하는 퀴즈로 구성하시면 학생들은 보다 적극적이면서도 주도적인 태도로 퀴즈 게임에 임할 것입니다. 물론 이렇게 하면 더 잘 배우겠죠."

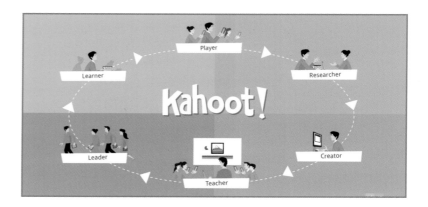

"홍 교수님에게 배운 패들릿, 멘티미터, 소크라티브, 카훗으로 수업하니 학생들이 너무 좋아합니다" – 노이균 교수(우송정보대학교)

코로나 바이러스(Covid-19)로 인해 전 세계적으로 대다수의 많은 학교가 문을 닫게 됐다. 이로 인해 강의의 형태도 대면 강의에서 비대면 강의로 전환하게 됐다. 이러한 온라인 원격 강의가 가능하게 된 것은 줌(Zoom), 구글 클래스룸(Goole Classroom), MS 팀즈(Micorosoft Teams), D2L 그리고 에드제뉴이티(Edgenuity) 등과 같은 플랫폼 덕분이 아닌가 생각한다. 한편, 이러한 변화의 물결이 CALL(Computer Assisted Language Learning)과 MOOCs(Massive Open Online Courses)에 이미 노출된 학생들보다는 인터넷에 손쉽게 접근할 수 없는 환경에 놓인 학생들에게는 많은 어려움을 주지 않을까 걱정되기도 한다. 기존의 전통적 대면 강의를 했을 때는 다양한 학습 양식(분기 학습 양식, 동화 학습 양식, 수렴 학습 양식, 순응 학습 양식) 배경을 가진 학생들로 인해 능동적인 학습 유도 강의를 진행하지 못했다는 아쉬움을 늘 갖고 있었다. 이러던 차에 원격 강의를 통해 기존의 강의실 학습이 제공해주지 못하는 방법으로 학생들이 학습할 수 있다는 소식을 듣고 나는 원격 강의가 지니고 있는 장점을 알아보기로 했다. 내가 파악한 장점은 대략 다음과 같다.

1. 시간과 장소의 제약을 받지 않으므로 쉽게 학습 내용에 접근할 수 있다.
2. 학생과 교수, 학생과 학생 사이에 좀 더 폭넓은 소통 방법을 제공한다.
3. 기존 교육보다 비용 효과가 더 크고 교통비, 교재비 등과 같은 경비를 절약할 수 있다.
4. 온라인 학습을 통한 학습 경험 촉진과 온라인 교육에 대한 만족도가 높다.
5. 장애로 인해 대면 강의에 참석할 수 없는 학생에게 양질의 교육을 제공한다.

6. 모든 사람에게 동등한 학습 기회를 부여한다.
7. 모든 사람에게 전문적인 지식과 대학이 갖고 있는 자료를 받아볼 수 있는 기회를 제공한다.
8. 스마트폰과 같은 모바일 기기를 이용해 최고의 융통성과 능력을 발휘할 수 있다.

이상의 조건에 적합한 플랫폼이 바로 소크라티브(Socrative), 멘티미터(Mentimeter) 그리고 카훗(Kahoot)이란 것을 나의 줌 멘토인 홍영일 교수님으로부터 듣고, 나는 직접 이를 비대면 강의에 적용해봤다. 우선, 본 강의 시작 전 약 5~10분 내에서 소크라티브를 통해 본 강의에서 다룰 내용 및 전문 용어를 브레인스토밍하고 강의에 들어갔다. 소크라티브의 시각적 효과는 카훗에 비해 약하기 때문에 강의 도입부에서 10분 이상 지속하는 것은 지양했다. 도입부에서 브레인스토밍한 소크라티브의 내용을 다운로드하면 자연스럽게 시험 문제지 형식으로 전환되기 때문에 강의 후반에 브레인스토밍한 내용을 시험을 치겠다고 학생들에게 미리 공지했더니 학생들은 긴장의 끈을 늦추지 않았다.

학습자의 피로도와 집중력을 감안해 본 강의는 30-40분 이상 초과하지 않도록 노력했다. 그리고 나서 10분의 휴식 시간을 제공했고 이 시간을 이용해 실시간 피드백을 받도록 만들어진 멘티미터를 이용했다. 이 플랫폼에는 다양한 종류의 피드백이 있으므로 강의에 지친 학생들이 머리를 식히는 데 매우 유용하다.

그다음 단계로, 이론으로 강의한 내용을 미리 준비한 카훗 플랫폼을 이용해 약 15~20분간 리뷰했다. 원래 카훗은 게임 기반(game-based) 학습 플랫폼이므로 시각적 효과가 매우 크다. 다양한 학습 평가 방식뿐 아니라 기존의 강의실 학습에서 탈피한 방식으로, 학습자의 지식을 리뷰하도록 만들어졌고, 퀴즈를 통해 학습자의 학습 흥미를 유발하는 데 손색이 없다. 스카이프(Skype), 구글 행아웃(Google Hangouts) 등과 같은 스크린 공유 기구와 연동해봤지만, Zoom보다 복잡해 소크라티브, 멘티미터 그리고 카훗과는 궁합이 조금 맞지 않는 것 같았다.

단답형 문제를 통한 리뷰를 마치고 카훗이 제공하는 'Jumble'을 이용해 올바른 순서대로 문장을 정리하는 문제를 학생들에게 풀어보게 했다. 이 문제 은행식 퀴즈는 카훗이 자랑하는 트리비아 퀴즈(trivia quizzes), 즉 문법, 논리, 수사학적 지식을 쌓는 데 큰 도움이 되는 프로그램이었다. 특히 다양한 직종을 가진 사회인들을 대상으로 강의할 때 카훗의 무궁무진한 퀴즈 내용은 백미 중의 백미라고 할 수 있었다. 실시간으로 본인들이 원하는 토픽(topic)을 찾는 순간 강의의 집중도는 엄청나게 고조되고, 특히 게임 핀 넘버(game pin number)를 기입해야 하는 절차는 모든 강의 참자가들로 하여금 잠시라도 방심할 수 없도록 만드는 것이 매력적이라는 평가를 멘티미터를 통해 알 수 있었다.

이상과 같이 나는 줌을 토대로 소크라티브, 멘티미터 그리고 카훗을 접목해 교육자나 피교육자 쌍방이 적극적으로 3시간 강의를 진행할 수 있는 교수법(teaching method)을 구축하게 됐다. 종전의 강의실 대면 강의에서 느끼지 못하던 것을 강의에 참여한 학생들이 느끼는 순간부터 교육자와 피교육자 사이에 적극적이고 빈번한 소통이 이뤄졌으며, 카훗을 통해 과제를 내줬는데도 이것을 과제라고 생각하기보다는 하나의 놀이로 생각하고 참여했다고 멘티미터에 강의 후기로 올려줬다.

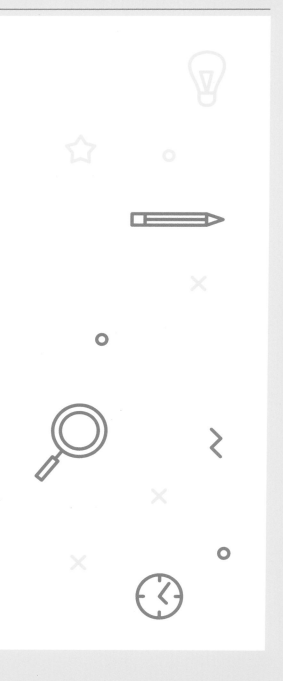

7부
성공적인
Zoom
수업을 위한
마인드셋

뭔가를 처음 배울 때 기술적인 부분도 중요하지만, 역시 모든 일은 어떤 마음가짐을 갖느냐부터 시작된다. 우리는 수영을 처음 배울 때 팔을 어떻게 젓는지, 발장구는 어떻게 치는지를 알게 되는 것이 가장 중요하다고 생각한다. 하지만 사실은 '물을 두려워하지 않는 마음'을 갖는 것이 수영을 배우는 첫걸음이다. 온라인 수업도 마찬가지다. Zoom을 능수능란하게 사용하는 것 이전에 교수자는 어떤 마음으로 수업을 진행해야 하는지, 학생들은 어떤 생각을 갖고 수업에 들어오는지 파악하는 것이 성공적인 수업을 만드는 핵심이다.

Unit 01

온라인 교수자의 마인드셋

이번 시간에는 온라인 수업을 어떻게 받아들여야 할지 좀 더 자세하게 이야기한다. 그럼 집중해보자.

▌ 교실은 교수자 세상이지만, 사이버 공간은 학습자들의 세상

"온라인 수업을 하니 학생들이 집중을 잘 못하는 것 같아요. 지적을 한다고 수업 태도가 좋아지는 것도 아닌 것 같아서 고민이에요."

온라인 수업이나 오프라인 수업이 다 똑같다고 생각하는 교수님도 있겠지만, 사실 이 둘은 명확히 다르다. 전통적인 교실은 교수자의 세상이라고 할 수 있지만, 사이버 공간에서는 이 규칙이 적용되지 않는다. 우리는 '사이버 공간은 학습자들의 세상'이라는 것을 알아둬야 한다. 교수자가 온라인 수업을 하면서 마치 오프라인의 교실처럼 학생들을 통제하려 할수록 학생들은 불편해한다.

"네, 충분히 이해합니다. 그런데 반대로 학생들에게 관여하지 않고 내버려둘수록 오히려 학생들이 잘하게 되는 것을 경험해보신 적이 있으실 텐데요. 그건 왜 그럴까요?"

이야기를 듣고 보니 나도 그런 경험은 한 적이 있다. 글쎄, 그건 그 학생이 알아서 잘하기 때문이 아닐까? 물론 그럴 수도 있지만 홍 박사는 다른 의견을 제시한다.

② 교수자가 힘들이지 않고도 성공적인 수업의 결정 요인: 자율성

"그 원인은 바로 '자율성(Empowerment)'입니다."

자율성, 말 그대로 수업에서 학생이 스스로 움직이도록 만드는 것이다. 홍 박사 교수자가 힘들이지 않고도 학습 성과가 나오려면 학습자의 적극적 참여 또는 몰입(Student Engagement)이 필수적이라고 설명한다. 학습자들이 자발적으로 참여하면 교수자도 편하고, 학생들도 편하다. 무슨 말인지는 이해했다. 하지만 이미 다 큰 학생을 어떻게 그렇게 만들 수 있을까? 이 내용은 다른 교수님의 강의에서도 들어본 적이 있다. 하지만 내용을 잘 들어보니 '저 교수님이니까 저 정도 하지.' 하는 생각이 들어 따라 할 엄두가 나지 않았다. 다른 교수님들도 그렇게 생각했는지 고개를 저었다. 그 순간 홍 박사는 이런 반응을 예상이라도 했다는 듯이 여유롭게 이야기를 이어나갔다.

- **Self-Determination Theory** (자기결정성 이론)
  - ✓ **Competence**   유능감
  - ✓ **Autonomy**   자율감
  - ✓ **Relatedness**   관계성

  행복감 경험 증대

- 자기 자신의 행동과 운명을 자율적으로 선택할 수 있을 때
  - ✓ 동기의 질이 더 높아지고 행복감(자기실현적 접근, 에우다이모니즘)이 올라감
- 20세기의 미덕
  - ✓ 시스템을 설계하고, 그 시스템의 요소들에게 책임과 역할을 부여한 후, 그들이 맡은 바 일을 제대로 수행하도록 관리하고 통제하는 것이 미덕
  - ✓ 이처럼 타인을 통제하는 방식의 탁월한 성과, 창의적인 성과를 가져오지 않음이 여러 증거에 의해 보고됨
- 이제 **통제의 대상은 남이 아니라 자기 자신**임을 자각하는 시대로 변화!

❸ 자기결정성이론

"학생들이 자발적으로 참여하게 만드는 핵심적인 심리적 요인이 있습니다."

학생들을 움직이게 만드는 원인이 있다? 그렇다. 이때 우리가 고려해야 할 것이 바로 '자기결정성이론(Self-Determination Theory)'이다. 이는 1990년대에 이미 제안됐던 자기 조절(Self-Regulation)과 관련된 이론이라 할 수 있다.

"학생의 동기를 만들기 위해서는 '유능감', '자율감', '관계성'이 필요합니다."

내가 능력이 있다는 것을 인정받거나 내가 세상에 쓸모 있는 존재라는 것을 느꼈을 때 갖게 되는 '유능감', 내가 모든 행동을 스스로 선택할 수 있다고 느끼는 '자율감', 마지막으로 교수자와 학생들 사이 또는 학생과 학생들 사이에 좋은 커뮤니케이션을 통해 잘 유지된 '관계성'이 모두 충족되면 비로소 어떤 행동을 스스로 하고자 하는 강한 동기가 만들어진다.

"조금 어렵죠? 간단히 말하면 내 행동과 운명을 자율적으로 선택할 수 있을 때 비로

소 동기 수준이 높아지고 행복감이 높아지는 것입니다."

'이제 감을 잡았다. 내가 나 자신의 주인이라고 느껴야 학생들이 할 마음이 생기고 행복해지는구나.' 홍 박사는 이제 통제의 대상이 남이 아니라 자기 자신임을 자각하는 자기통제(Self-control)의 시대로 변화했다고 덧붙였다.

이를 촉진하기 위해서는 자기 결정성이 매우 중요하다. 그런데 이것을 추상적으로 말하면 와닿지 않을 것 같아 한 가지 재미있는 사례를 가져왔다.

"한 여성이 슈퍼마켓에서 어떤 할아버지와 버릇없는 작은 손자를 발견했습니다. 쇼핑을 하는 내내 손자는 보이는 것마다 사달라며 울며 떼를 쓰고 나중에는 물건을 집어던지기까지 합니다. 손자가 난동을 피울 때마다 할아버지는 화내는 대신 침착한 목소리로 '윌리엄. 조금만 참으렴.'이라고 말합니다. 그렇게 몇 번을 반복하자 손자는 곧 조용해졌습니다. 할아버지가 참 친절하죠?

그 모습을 지켜본 한 여성은 놀라워하며 할아버지에게 '윌리엄은 당신 같은 할아버지가 있어서 좋겠다.'라고 말합니다. 이에 할아버지는 웃으며 '고마워요! 하지만 윌리엄은 나요! 저 애 이름은 케빈이지.'라고 답변했습니다.

놀랍지 않나요? 사실 할아버지는 자기 스스로를 타이르고 있었던 겁니다."

"조금만 참으렴."이라고 말했던 윌리엄은 투정을 부리는 손자의 이름이 아니라 바로 할아버지 자기 자신의 이름이었던 것이다. 이 이야기에서 할아버지는 상당히 탁월한 자기통제력을 통해 상황을 의연하게 대처하고 있었다는 것을 알 수 있다. 이는 비유적인 이야기이기는 하지만, 이것이 자기 결정성 이론이 시사하는 바를 우리에게 느낄 수 있도록 해준다.

"동떨어진 이야기라고 생각할 수 있지만, 이건 수업에도 충분히 적용할 수 있습니다."

교수가 학생들을 통제하려는 마인드로 접근하면 학생들은 이것을 억압으로 인식할 가능성이 크다. 이미 알고 있겠지만, 학생들은 눈치가 매우 빠르다. 그래서 '학생, 좀 조용히 해줄래?', '학생, 떠들지 말고 가만히 있어야지.'와 같은 이야기를 하더라도 교수가 학생을 통제하려는 마인드로 접근할 때와 교수가 학생 스스로 통제할 수 있도록 여지를 줄 때, 이 둘의 차이를 학생들은 빠른 감각으로 알아챈다.

학생을 강압적으로 통제하기보다는 교수가 스스로 노력하는 모습으로 접근한다면 학생들은 이를 충분히 느낄 수 있다. 그래서 이 모습을 본 학생은 '아이고, 교수님. 애쓰시네, 뭐 내가 이번에는 교수님 뜻대로 해드리지.' 하고 자기의 행동을 스스로 결정할 수 있는 자율권을 확보하고

관련 연구 2

행복한 사람이 더 창의적/직관적이며 결단력이 높다

관련 연구 2

높은 행복감이 창의적 문제해결 능력 촉진

"Positive affect facilitates creative problem solving"

더 빠른 관련 정보 수집 + 유연성

- 앨리스 아이센 (Alice M. Isen), 1987

Alice M. Isen, Kimberly A. Daubman, Gary P. Nowicki, Positive Affect Facilitates Creative Problem Solving, Journal of Personality and Social Psychology, Volume 52, Iss ISSN 0022-3514. (http://www.sciencedirect.com/science/article/B6X01-4NDX3Y3-5/2/7bw119e5c5b5281e9ea0acb9af8f6b5f)

행복감은 창의성에 큰 영향을 미치며 창의적 행동이 다시 행복감을 높여줘

"Affect and Creativity at Work"

- 하버드대 아마빌 (Amabile), 2005

Teresa M. Amabile, Sigal G. Barsade, Jennifer S. Mueller and Barry M. Staw. Affect and Creativity at Work. Administrative Science Quarterly, Vol. 50, No. 3 (Sep., 2005), pp. 367-403 (http://www.jstor.org/stable/30037208)

있다는 느낌을 갖게 되면 교수자의 요청에 따를 가능성이 높아진다. '나 그네의 옷을 벗기는 것은 강한 바람이 아니라 따뜻한 햇빛'이라는 말도 있지 않은가.

"왜냐하면 학생들은 교수의 행동에서 진정성을 발견하면 스스로 교수의 요구를 들어주겠다는 결정을 내리기 때문입니다."

학생들이 교수의 진정성을 느끼면 저항이 아니라 순응할 가능성이 더 높다는 것이다. 한마디로 교수는 교수 자신을 통제하고, 학생은 학생 자신을 스스로 통제하도록 하는 것이 진정한 학습자 중심의 수업이자, 교수자 중심 수업이라고 할 수 있다. 서로가 윈윈할 수 있는 수업이 바로 이런 모습이다.

"행복한 사람이 더 창의적이고 직관적이며 결단력이 높다는 사실을 알고 계시나요?"

관련 연구 2

행복할 때 주변 환경을 넓게 인식

" Opposing Influences of Affective State Valence on Visual Cortical Encoding"

- 슈미츠 (Schmitz) 외 2인, 2009

The Broaden-Build Theory 확장-구축 이론

Benefits of Positive Affects

"행복하면 그 자체로 좋은 거 아닌가"를 넘어서서

- 바바라 프레드릭슨(Barbara Fredrickson)

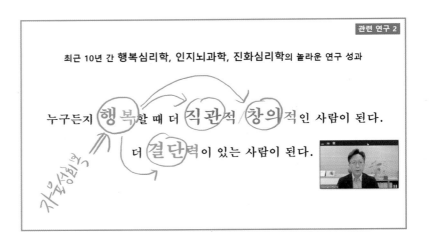

이와 관련해 한 가지 이야기를 덧붙이자면, 행복한 사람이 더 창의적이고 직관적이며 결단력이 높다는 연구 결과가 최근 많이 보고되고 있다. 앨리스 아이센 교수의 연구팀에서 진행한 '높은 행복감이 창의적 문제 해결 능력 촉진한다.'라는 연구가 있다.

이는 한 집단에게는 잠시 대기하는 동안 초콜릿을 주고, 다른 집단은 아무것도 주지 않은 상태에서 문제 해결 과제를 제공한 후 결과를 살펴보는 실험이다. 초콜릿을 먹은 아이들은 아무것도 먹지 않은 아이들보다

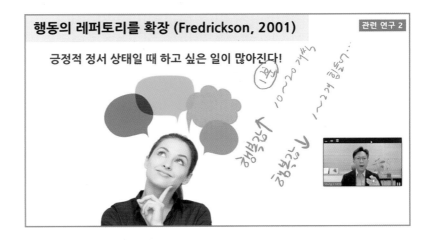

더 기분이 업된 상태일 것이다. 이들에게 과제를 줬을 때 초콜릿을 제공해준 집단에서 훨씬 더 창의적인 아이디어를 더 많이 그리고 더 빨리 발견해내는 결과를 확인할 수 있었다.

그뿐만 아니라 이 연구에 이어서 하버드 대학에서 진행한 연구에 따르면 행복감은 창의성에 큰 영향을 미치며 창의적 행동이 다시 행복감을 높여준다는 선순환의 관계도 보여주고 있다. 더 나아가 행복감이 높아지면 주변을 환경을 넓게 인식하는 경향성도 확인된다.

바바라 프레드릭슨 교수는 이러한 행복감이 높았을 때 나타나는 것을 묶어 확장-구축 이론(The Broaden-Build Theory)으로 명명했다. 확장은 행복감이 높을 때 확장되는 시야를 의미하며, 구축은 건강이나 회복탄력성과 같이 우리가 살아가면서 필요한 좋은 삶의 자원의 구축을 나타낸다. 이것이 행복감이 높아졌을 때 우리에게 나타나는 경험이다.

정리해보자. 앞서 이야기한 것처럼 자기 결정성 이론에 따른 자율성의 회복은 행복감을 높여준다. 이렇게 높아진 행복감은 직관력, 창의력, 결단력을 높여준다는 것이다.

"행복감이 직접적으로 창의력과 직관력 그리고 결단력에도 영향을 미치기 때문인 거죠."

창의성 훈련을 시켜야 창의적인 사람이 되는 게 아닌가? 우리는 이런 식으로 과거에 원인과 결과를 분리해 생각했다. 하지만 실제로 이와 같은 결과는 잘 검증되지 않았다. 이와 반대로 행복감을 높여주면 창의적이지 않은 사람조차 시야가 넓어지고 생각의 폭이 넓어지면서 보다 결단력이 생기고 창의성이 높아진다. 더 나아가서는 행동의 레퍼토리가 확장되는 경험을 할 수도 있다.

"학생들한테 자유롭게 이야기를 해보라고 해도 보통은 이야기를 잘 안 하죠? 그 이유가 무엇 때문이라고 생각하세요?"

이 이야기는 비대면 수업을 할 수밖에 없는 코로나 상황에 시사하는 바가 크다. 온라인 수업, 특히 쌍방향 수업을 할 때 대부분 학생들은 비디오를 끄고 교수님이 질문을 해도 적극적으로 참여하지 않는다. 이런 경우에는 학생들이 반응을 하기 싫어서 안 한다고 볼 수도 있겠지만, 사실 그것보다는 교수님의 질문에 딱히 별생각이 들지 않는 상태인 경우가 많다. 한 마디로 뭐라고 대답해야 할지 모르는 백지 상황인 것이다. 하지만 학생들이 기분이 좋은 상태에서 접속했거나 상당히 유쾌한 상황이라면 머릿속에 생각이 떠오르는 것이 많아 교수님이 무슨 이야기를 해도 추임새를 넣어주면서 반응할 가능성이 높아진다.

서울대학교 행복연구센터에서 진행한 연구는 이를 잘 설명해주고 있다. 서울대 학생들 중에도 행복감이 높은 학생들과 행복감이 낮은 학생들이 있다. 이들에게 똑같이 1분이라는 시간 동안 지금 당장 하고 싶은 일을 떠오르는 대로 써보라고 했다. 어떤 결과가 나왔을까? 행복감이 높은 사람들은 10개에서 20개 정도를 써 내려간 반면, 행복감이 낮은 서울대 학생들은 한두 개를 쓰는 것도 매우 힘들어하는 모습을 보였다.

"머릿속에 생각이 잘 떠오른다, 떠오르지 않는다를 결정하는 것은 충분한 경험이나 지식의 양에 비례한다고도 말할 수 있습니다. 하지만 우리가 낯선 상황에서도 생각을 잘 떠올리는지는 그 사람이 지금 얼마나 긍정적인 기분을 느끼고 있는지, 얼마나 행복감이 높은지에 따라서도 좌우된다는 것이죠."

서울대학교 학생들뿐 아니라 미국 사람들을 포함해 전 세계적으로 샘플 수를 늘려가도 비슷한 결과를 확인할 수 있다. 부드럽지만 강한 '행복'의 힘을 실감하는 순간이다.

④ 임파워먼트 테크놀로지

"자, 그럼 어떻게 하면 학생들을 행복하게 만들 수 있을까요? 여러 가지 방법이 있지만 우선 임파워먼트 테크놀로지에 대해 이야기해볼까 합니다."

앞에서 설명한 내용을 감안한다면 우리는 온라인 수업을 할 때 어떻게 하면 학생들의 마음을 유쾌하게 해줄 것인지를 고민할 필요가 있다. 이때 생각해볼 수 있는 것이 바로 '임파워먼트 테크놀로지(Empowerment-Technology)'라는 개념이다. 쉽게 말해, 교수님이 학생들에게 힘을 실어주도록 도와주는 기술이다.

우리는 이것을 '권한 위임'이라는 말로 자주 번역한다. 이미 기업에서는 CEO가 각 부서장에게, 각 팀장이 팀원들에게 권한을 위임할수록 생산성이 높아지고 창의적인 결과물이 많이 나온다는 연구 결과들이 있다. 그런데 이것이 교육 환경에서도 동일하게 적용되는 셈이다. 교수님이 학생들에게 말하는 것을 위임해줄수록 학생들은 더 자율성을 갖고 수업에 참여할 수 있다.

임파워먼트 테크놀로지의 대표 주자가 바로 우리가 화상수업에서 자주 사용하는 줌(Zoom), 구글 행아웃 미트(Google Hangout Meet), 마이크로소프트 팀즈(Microsoft Teams) 그리고 시스코(Cisco) 사의 웹엑스

(Webex) 등이다. 그중에서 상대적으로 학습자들에게 권한 위임의 경험을 가장 많이 선물해줄 수 있는 것이 바로 줌이다.

"학생들에게 이런 툴이 있으니 한번 사용해 보라고 요청만 해보세요. 학생들은 금방 이 도구의 장점을 활용해 환상적인 발표를 교수님에게 선사해줄 겁니다."

이외에도 멘티미터(Mentimeter), 소크라티브(Socrative), 카훗(Kahoot), 패들릿(Padlet), 심플로(Symflow) 등 온라인 수업을 돕는 다양한 도구를 교육 상황에 적절히 적용하기만 하면 학생들이 더욱 흥미를 갖고 참여할 수 있다. 가장 중요한 점은 교수님들이 직접 사용하지 않고 제안하는 것만으로도 학생들이 알아서 잘하게 된다는 것이다. 그런 의미에서 이들에게 임파워먼트 테크놀로지가 아닐 수 없다.

5 학습자가 심리적으로 편안한 수업

"사람들은 세계에서 가장 유명한 대한민국의 5대 발명품을 김연아, 봉준호, 손흥민, BTS, 페이커라고 말합니다.

그런데 김연아, 봉준호, 손흥민이 나온 '출신 학교'는 있는데, 이들을 '길러내는 학교'

는 어디 있을까요? 우리나라 교육의 현실을 잘 풍자하고 있는 질문인 것 같습니다. 그럼 우리가 어떻게 하면 이런 유능하고 창의적인 인재들이 성장할 수 있는, 학생들이 맘 편하게 뛰어놀 수 있는 학교를 만들 수 있을까요?"

그래, 홍 박사의 말처럼 결과적으로 학습자가 심리적으로 편안한 수업을 해야 하는데, 그럼 어떤 것이 학습자에게 심리적으로 편안한 것일까? 앞서 이야기한 자기결정권에 대해 이를 살펴보자.

"보통 학생들은 화상수업에서 얼굴을 드러내거나 자신의 공간이 공개되는 것을 부담스러워 합니다. 그럴 때 이렇게 한번 이야기해보세요."

특히 화상수업에서는 학생들에게 심리적으로 편안한 분위기를 제공하는 것이 무엇보다 중요하다. 구체적인 예를 들면, 학생들이 화상수업에서 비디오를 모두 끄고 있어도, 채팅창만으로 참여하거나 마스크를 착용하고 있어도 허용하는 대신, 적극적인 참여를 부탁해보자. 학생들은 이에 적극 호응할 것이다. 말 그대로 교수님이 한 발 양보하면 학생들이 한 발 적극적으로 다가서는 상황이 만들어진다. 이런 배려에서 학생들은 교수님이 학생들에게 심리적인 편안함을 제공하기 위해 노력하고 있다는 진정성을 충분히 읽을 수 있다.

"이런 방법도 있습니다. 화면을 켜는 대신 자신이 아닌 자신이 필기하는 모습을 보여달라고 하는 거죠."

실제로 화상수업을 진행하면 학생들 대부분은 비디오를 끄고 있다. 홍 박사는 수업 삼사 주에 한 번 정도 특별한 이벤트를 진행했는데, '이번 주는 모두 비디오를 켜는 것을 전제로 하겠습니다.'라고 불쑥 이야기하는 것이다. 그 말에 학생들은 모두 놀라며 당황스러워한다. 하지만 카메라를 자신이 아닌 필기하는 노트를 비추라는 말에 학생들은 바로 마음을 놓는다.

결과는 매우 만족스러웠다. 이 방법은 정말 교수와 학생 모두에게 좋은 방법이다. 교수님은 학생들이 열심히 필기하는 모습을 볼 수 있고, 학생들도 노출하고 싶지 않은 자신의 방이나 얼굴을 드러내지 않고도 편안하게 참여할 수 있으니 일석이조가 아닐 수 없다. 다만 매주 이렇게 하는 것은 불편할 수 있으니 가끔 이벤트로 진행해본다면 학생들도 재미있게 느끼고 열심히 참여하게 된다. 더욱이 이 방법은 남들이 열심히 필기하는 것을 보면서 다른 학생들도 따라 하도록 하여 학생들의 열의를 높일 수도 있다.

"교수님이 갑자기 칭찬을 해서 학생들을 깜짝 놀라게 해보세요."

학생들이 교수의 말에 작은 반응을 보이더라도 가끔 격하게 반응해보라. 너무 뻔하지 않게 간헐적으로 하는 것이 포인트다. 예측하지 못한 상황에서 교수님이 너무 행복해하는 모습을 보여주면 학생들에게 감동을 줄 수도 있다. 이런 방식으로 학생들의 마음을 편하게 만들어줌과 동시에 자발성을 촉진하면 참여도는 자연스럽게 높아진다. 학생이 스스로 무엇인가 배웠다고 느낄수록 수업의 만족도와 학생들의 행복감이 동시에 높아진다. 우리는 이 중요한 관계를 생각해볼 필요가 있다.

Unit 02 온라인 학습자의 마인드셋

1 의외로 온라인 수업을 좋아하는 학생들

"

자, 그럼 지금부터는 학생의 입장에서 바라보도록 합시다."

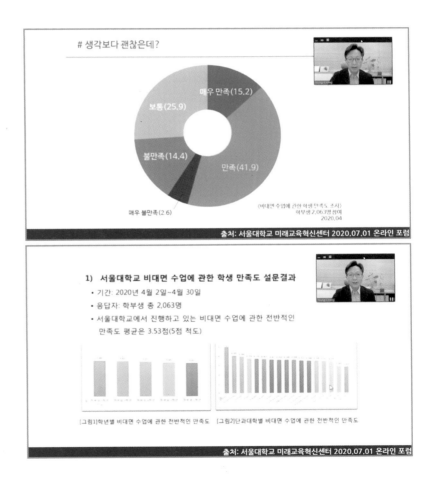

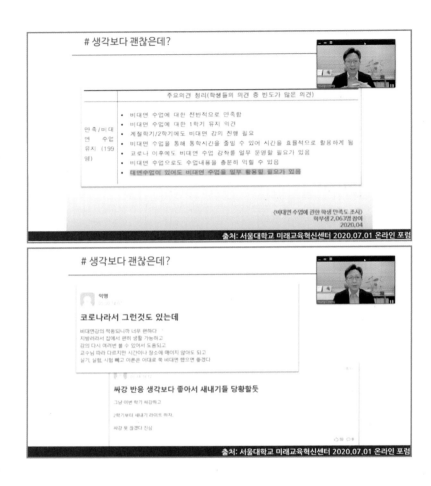

홍 박사는 지금까지 교수자의 입장에서 갖춰야 할 마음가짐을 알아봤으니 이번에는 학생들의 마음을 알아보자고 한다. '교수는 가르치기만 하면 되는 줄 알았는데, 이제 보니 학생 마음도 꿰뚫어보는 능력도 갖춰야 하나보다.'라고 생각하는 사람도 있을 것이다. 하지만 앞에서 이야기한 것과 마찬가지로 학생의 마음을 알고 이를 잘 활용하면 결국 나에게 긍정적으로 돌아온다. 그러니 즐거운 마음으로 학생들의 마음속으로 여행을 떠나보자.

이번 학기에 알게 된 의외의 발견은 학생들이 온라인 수업을 좋아한다는 것이다. 다음은 지난 7월 1일 서울대학교 미래교육혁신센터와 서울

3) 서울대학교 비대면 수업에 관한 교수 설문 조사
- 기간: 2020년 6월 19일~6월 30일 (진행중)
- 대상: 서울대학교 교수 및 강사
- 내용: 6월 23일 까지 응답한 289명 교수자 응답 분석

문항 내용	평균
1. 비대면 수업에 대한 자기평가 질문내용: 이번 학기 진행하신 비대면 수업에 대해 스스로 평가한다면 어떠하다고 생각하십니까?	3.55
2. 비대면 수업에 대한 학생 예측 만족도 질문내용: 이번 학기 진행한 비대면 수업에 대해 학생들의 만족도는 어떠하리라고 예상하십니까?	3.44 (학생 3.53)
3. 비대면 수업과 오프라인 수업의 질적 수준 비교 질문내용: 동일 교과목에 대하여 이번 학기 진행한 비대면 수업의 전반적인 질적 수준이 오프라인 수업으로 진행하였을 때의 전반적인 질적 수준에 비해 어떠하다고 생각하십니까?	3.13

출처: 서울대학교 미래교육혁신센터 2020.07.01 온라인 포럼

대학교 교수학습개발센터가 공동으로 진행한 온라인 포럼에서 발표한 자료다. 약 2,000명 정도의 학생들이 참여했는데, 결과를 살펴보면 만족이 50%를 넘고, 보통까지 합치면 70%가 훌쩍 넘는다. 불만족은 채 20%가 되지 않는 것을 확인할 수 있다.

더욱이 주요 의견을 살펴보면 학생들은 분명하게 '대면 수업이 있어도 비대면 수업을 일부 활용할 필요가 있다.'라고 이야기하고 있다. 학생들은 이미 비대면 수업 나름대로의 매력과 강점을 파악했다.

"이 게시 글 제목을 보면 '싸강 반응 생각보다 좋아서 새내기들 당황할 듯'이래요. 학생들은 어느 정도 만족하고 있다는 거죠."

이외에도 포털 사이트에서 학생들의 살아 있는 반응을 확인할 수 있다. 실제로 홍 박사가 지난 학기 전문 대학 신입생, 4년제 대학 신입생들에게 모두 강의를 해보고 생생한 의견을 들어보니 공통적으로 매우 만족스러워한다는 것이다. 새내기 배움터, 동아리 활동 등 캠퍼스의 로망을 아쉬운 대로 화상수업의 소그룹 활동을 통해 해소할 수 있다고 했다.

교수님들에게 비대면 수업에 대한 학생들의 만족도를 예측해보라고 했더니 결과는 3.44 정도였다. 하지만 실제 학생들의 결과는 3.53으로 교

수님들이 예상한 결과보다 학생들이 잘 적응하고 있다는 것을 의미한다. 생각보다 괜찮아하는 학생들의 반응을 보니 교수님들만 온라인 수업에 적응하면 된다는 생각이 들 정도다.

❷ 교수님에게 기대하는 것은 진정성

"학생들은 교수님들에게 온라인 수업을 능숙하게 잘할 것을 기대하지 않습니다."

강의 수강생들뿐 아니라 인터넷에 올리는 많은 학생의 의견을 들어보니 학생들은 코로나 사태로 인해 온라인 수업을 해야만 하는 상황에 순응하고 있다. 사실 이미 온라인에 익숙해진 학생들도 많다. 이런 상황에서 온라인 수업에서 학생들이 기대하는 것은 '진정성'이다. 다르게 말하면 '성의 정도'다. 교수님들이 어설픈 것을 학생들은 이미 알고 있으며, 동시에 이를 받아들일 준비가 돼 있다. 그래서 능숙하지 못한 것 때문에 화상수업을 미루거나 동영상 강의를 힘들게 생각하지 않아도 된다. Zoom의 마술사가 돼 환상적인 강의를 선보이는 것에 부담을 느낄 필요가 없다. 교수님이 진정성 있게 본인의 전문성을 전달해주려고 애쓰는 모습을 보여주는 것이 가장 중요하다.

❸ 아날로그 네이티브인 교수님이 모르시는 것은 언제든지 알려드릴 준비가 되어 있는 디지털 네이티브 학생들

"어떻게 해야 할지 모를 때는 부끄러워하지 말고 당당하게 '혹시 어떻게 하는지 아는 학생이 있나요?'라고 이야기해보세요. 묻기만 한다면 학생들은 바로 알려줄 겁니다."

화상수업을 할 때 교수님이 잘 몰라서 헤맨다면 학생들은 알려줄 준비가 돼 있다. 하지만 이를 학생들에게 묻지 않고 얼굴만 빨개진다면 학생들은 조마조마한 마음으로 수업을 듣게 된다. 디지털 세상에서 디지털 네이티브에게 도움을 요청해 이들의 능력을 적극 활용하는 것도 교수님의 능력이다. 더욱이 도움을 요청받은 학생은 도움을 주는 행위를 통해 유능감을 느낀다. 유능감을 느끼면 자기결정성 수준이 높아진다는 이론을 잘 활용해보자.

4 학생들이 원하는 수업은 100% 실시간 쌍방향 수업도 아니고, 100% 동영상 강의도 아니다

"두 가지 온라인 수업 방식을 적절히 활용하는 센스가 필요합니다."

홍 박사의 수업을 들은 300명 정도의 수강생들도 적절한 조합을 원한다는 반응이 대부분이었다. 동영상 강의와 쌍방향 수업의 특징을 잘 파악해 이를 수업에 적용하면 교수님과 학생 모두에게 만족스러운 강의가 될 수 있다. 어떻게 해야 하는지 모르겠다고? 그렇다면 앞서 홍 박사가 제안한 방법을 시도해보라. 학생들의 만족도가 급상승할지 모른다.

마음가짐에 대한 이야기를 듣고 보니 학생들이 어떤 생각을 하고 있는지, 이를 어떻게 활용하면 좋을지 알게 돼 자신감이 생긴다. 다양한 방법을 통해 학생들의 행복감을 높이는 성공적인 수업을 이뤄나갈 수 있도록 해야겠다는 점을 마음에 새기고 수업을 준비해야겠다. 수업 시간은 교수와 학생의 힘겨루기가 아니다. 수업을 만들어나가는 두 사람이 함께 발을 맞춰나간다면 왈츠 댄스를 추는 것처럼 즐거운 수업을 진행할 수 있다.

Epilogue
교사 후기

경기 광명 가림초 박선영 선생님

홍영일 박사님, 안녕하세요!

저는 올해 초반에 학교 수업 운영 방식을 논할 때에만 해도 전 학년이 실시간 화상수업을 하는 것은 무리라고 여겼습니다. 그리고 제 모습이 무단으로 유출되는 것에 대한 거부감, 실시간 화상수업 진행에 대한 두려움도 있었습니다. 그러나 점차 시간이 지나며 강의를 만들어 올리는 것의 힘듦과 한계를 알게 됐고요. 학생들과 활발히 소통하던 수업 방식에 대한 그리움이 더욱 커졌습니다.

그러던 중 '행복가교 행복을 보여줌' 세미나 소식을 꾸준히 접하게 됐습니다. 이름만 올려두고 활동을 하지 않은 터라 단톡방이 매우 어색하고 낯설긴 했는데요.

참여하신 선생님들이 단톡방에 배움의 기쁨과 보람으로 가득한 후기를 남겨주시는 것을 보면서 마음이 열렸던 것 같습니다. 점차 언젠가 나도 실시간 수업을 하게 될 수도 있으니 배워둬야겠다는 생각도 들었습니다.

세미나에 처음 들어갔는데 박사님께서 제 이름을 불러주시며 하나하나 친절하게 가르쳐주셔서 온라인 세미나에 편안하게 적응할 수 있었습니다. 그곳에서 줌을 활용하는 기능뿐 아니라 선배 선생님들이 줌을 활용해 아이들과 소통하고 관계를 이어가는 모습, 끊임없이 배우고 실천해보는 열정, 서로 돕고 알려주며 발전하는 연대의 힘을 배우고 느낄 수 있었습니다. 동기부여도 됐습니다.

그리고 행복을 보여줌 세미나에 참여하고 지인들과 줌으로 모임을 갖는 횟수가 늘어날수록 제 자신이 줌에 익숙해지고, 기능 활용 기술도 늘어감을 느꼈습니다. 그렇게 조금씩 천천히 '나도 이 정도는 해볼 수 있겠다.'라는 자신감이 생겼습니다. 이와 동시에 주변 선생님들께 조심스럽게 연수 링크를 보내고 안내하기 시작했어요.

제가 처음부터 마음을 활짝 열고 실시간 화상수업을 한 사람이 아니었으므로 현재에도 두려움과 거부감이 있으신 분들의 마음을 충분히 이해합니다. 그러한 선생님들도 실제 수업에서는 노하우가 많으신 베테랑이거든요.

그래서 부담이나 강요로 느끼시지 않는 선에서 한 번이라도 경험해보셨으면 해서 권유하고 있고요. 실시간 온라인 만남을 아예 경험하지 않은 상태와 한 번 경험한 것이 매우 다르고, 이후에는 여러 번 경험이 쌓일수록 처음 생각이 점차 달라지실 거라고 말하고 있습니다.

저는 이제 아이들에게 줌을 설치시키고 온라인 에티켓만 가르친 상태에요. 그래도 줌 설치 연습을 위해 1 대 1로 전 학생들을 잠깐씩 만났는데, 그 짧은 만남만으로도 아이들과 더욱 친숙해진 것 같아요.

저희 학교는 2학기에 고학년 중심으로 이학습터 컨텐츠 제공형 학습을 주로 하되, 줌 수업도 부분적으로 병행하기로 했습니다. 앞으로 지혜롭게 실시간 화상수업을 활용하고 운영해서 6학년 학생들이 잘 배우고 졸업할 수 있도록 노력하겠습니다.

아무것도 모르던 백지에서 이렇게 용기를 내보게 된 저를 만든 곳이 바로 '행복가교 행복을 보여줌' 세미나입니다. 홍영일 박사님과 많은 선생님께서 친절하고 알차게 가르쳐주셔서 정말 유익하고 든든합니다. 사실 잘 모르는 사이인데도, 매주 화상으로 얼굴을 마주하며 만나니 정이 드는 것 같아요. 앞으로도 응원합니다. 정말 감사합니다! ^^

그리고 제가 많은 아이를 일일이 만나야 하니 급한 마음에 그랬는지⋯. 아이들을 만나도 저는 무표정하게 다다다다 말하게 되더라고요. 다시 한번 박사님의 미소와 여유로움을 잃지 않는 모습은 그냥 나오는 것이 아니라 그 뒤에 엄청난 저력이 있음을 알게 됐습니다.

태도와 마인드셋 부분에서도 많이 배우고 본받고자 합니다.

멋진 교수님, 멋진 부모님이신 것 같아요.

교수님도 많이 응원합니다! ^^

행복연구센터도요~

그럼 주말 잘 보내세요! ^^

줌^{Zoom}으로 강의하라!

2021. 5. 20. 1판 1쇄 인쇄
2021. 5. 27. 1판 1쇄 발행

지은이 │ 홍영일
펴낸이 │ 이종춘
펴낸곳 │ BM ㈜도서출판 **성안당**
주소 │ 04032 서울시 마포구 양화로 127 첨단빌딩 3층(출판기획 R&D 센터)
      10881 경기도 파주시 문발로 112 파주 출판 문화도시(제작 및 물류)
전화 │ 02) 3142-0036
      031) 950-6300
팩스 │ 031) 955-0510
등록 │ 1973. 2. 1. 제406-2005-000046호
출판사 홈페이지 │ www.cyber.co.kr
ISBN │ 978-89-315-5702-2 (93000)
정가 │ 21,000원

이 책을 만든 사람들
책임 │ 최옥현
기획 │ 구본철
편집·진행 │ 조혜란
교정·교열 │ 안종군
본문·표지 디자인 │ 김민영
홍보 │ 김계향, 유미나, 서세원
국제부 │ 이선민, 조혜란, 김혜숙
마케팅 │ 구본철, 차정욱, 나진호, 이동후, 강호묵
마케팅 지원 │ 장상범, 박지연
제작 │ 김유석

■ **도서 A/S 안내**

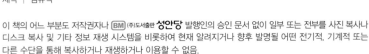

성안당에서 발행하는 모든 도서는 저자와 출판사, 그리고 독자가 함께 만들어 나갑니다.
좋은 책을 펴내기 위해 많은 노력을 기울이고 있습니다. 혹시라도 내용상의 오류나 오탈자 등이 발견되면 **"좋은 책은 나라의 보배"**로서 우리 모두가 함께 만들어 간다는 마음으로 연락주시기 바랍니다. 수정 보완하여 더 나은 책이 되도록 최선을 다하겠습니다.
성안당은 늘 독자 여러분들의 소중한 의견을 기다리고 있습니다. 좋은 의견을 보내주시는 분께는 성안당 쇼핑몰의 포인트(3,000포인트)를 적립해 드립니다.

잘못 만들어진 책이나 부록 등이 파손된 경우에는 교환해 드립니다.